CATALOGUE

DES LIVRES

DE LA BIBLIOTHEQUE

DE FEU M. LE MARQUIS

DE MÉNARS;

Commandeur des Ordres du Roi ; Conseiller d'État ordinaire d'Épée , Lieutenant-Général des Provinces de Beauce & d'Orléanois , Directeur & Ordonnateur Général des Bâti-mens du Roi , &c ;

DONT la Vente se fera ~~dans~~ le ~~courant d'Avril~~ 13 may 1782 , en son Hôtel , Place des Victoires, & sera annoncée dans les Papiers publics.

A PARIS,

Chez PISSOT, Libraire , quai des Augustins.

Et ROZET, Libraire, rue Saint-Sauveur.

1782.

TABLE

DES DIVISIONS ET SUBDIVISIONS
Contenues en ce Catalogue.

THÉOLOGIE.

ECRITURE SAINTE.

THÉOLOGIENS.

JURISPRUDENCE.

DROIT CANONIQUE.

DROIT CIVIL.

DROIT FRANÇOIS.

SCIENCES ET ARTS.

PHILOSOPHIE.

BELLES-LETTRES.

GRAMMAIRE.

RHÉTORIQUE.

POÉTIQUE.

TABLE DES DIVISIONS.

TABLE DES DIVISIONS.

TABLE DES DIVISIONS.

HISTOIRE HÉRALDIQUE.

ANTIQUITÉS.

HISTOIRE LITTÉRAIRE.

VIES DES HOMMES ILLUSTRES.

TABLE DES DIVISIONS.

Fin de la Table des Divisions.

CATALOGUE
DES LIVRES
DE LA BIBLIOTHEQUE
DE FEU M. LE MARQUIS
DE MÉNARS.

THÉOLOGIE.
ECRITURE SAINTE.

TEXTES ET VERSIONS DE L'ECRITURE SAINTE.

Nº. 1 SAINTE Bible, contenant l'ancien & le nouveau Testament, avec un commentaire littéral inséré dans la traduction françoise, par le P de Catrieres. *Paris*, 1750, *6 vol. in-4. v. f. f. d.*

2 Psalterium Hæbræum, Græcum, Arabicum & Chaldæum, cum tribus Latinis interpretat. & glossis. *Genuæ, Porrus, 1516, in-fol. mar. r.*

3 Le Livre des Pseaumes, Traduction nouvelle. *Paris*, 1740, *in-12.*

4 Abrégé de la Morale de l'Evangile, ou Pensées Chrétiennes sur le texte des quatre Evangélistes. *Paris*, 1693, *4 vol. in-12.*

A

HISTOIRES ET FIGURES DE LA BIBLE.

5 Discours historiques, critiques, théologiques & moraux, sur les Evénemens les plus mémorables du vieux & du nouveau Testament, par Jacques Saurin ; avec des figures gravées sur les desseins de Hoet, Houbraken & Picart. *La Haye, de Hondt, 1728 — 1739, 6 vol. in-fol. pap. royal, mar. r.*

6 Physique sacrée, ou Histoire naturelle de la Bible, trad. du latin de Scheuchzer, avec les figures de Pfeffel. *Amst. 1732, 8 vol. in-fol. v. éc. dor. sur tr., premieres épreuves.*

PHILOLOGIE SACRÉE.

7 Traité de la Situation du Paradis terrestre, par P. Dan. Huet. *Paris, 1691, in-12. doré sur tr.*

8 Recherches sur la Nature du Feu de l'Enfer, & du Lieu où il est situé, par Swinden, trad. de l'anglois par Bion. *Amst. 1728, in-8.*

9 Dictionnaire historique & critique de la Bible, par Dom Augustin Calmet. *Paris, 1730, 4 vol. in-fol. fig.*

LITURGIES.

10 Heures, Prieres & Offices, à l'usage des Demoiselles de Saint-Cyr. *Paris, 1714, in-12. mar. bl.*

11 La Journée du Chrétien. *Paris, 1754, in-12. mar. r.*

SAINTS PERES.

12 Origenis Opera, gr. & lat. collecta, recensita, lat. versa, atque annotat. illustrata, operâ & studio Car. Delarue. *Parisiis, 1733, 4 vol. in-fol.*

13 Les Confessions de Saint Augustin, trad. en françois par Dubois. *Paris, de l'Imprimerie Royale, 1758, 3 vol. in-12. mar. r.*

14 Les mêmes. *Ibid. 3 vol. in-12. mar. r.*

THÉOLOGIENS.

THÉOLOGIE SCHOLASTIQUE & MORALE.

15 Dictionnaire Ecclésiastique & Canonique portatif. *Paris, 1765, 2 vol. in-8.*

16 Les Provinciales, par Bl. Pascal, en quatre Langues. *Cologne*, 1684, *in-8. mar. bl.*

17 Les mêmes Lettres Provinciales, par Pascal ; avec les notes de G. Wendrock (P. Nicole). *Cologne*, 1739, 4 *vol. in-12. v. m.*

18 Les mêmes Lettres Provinciales. (*Paris*) 1755, *in-12.*

19 Pensées du P. Bourdaloue sur divers sujets de Religion & de Morale. *Paris*, 1734, 2 *vol. in-8.*

20 La Religion Chrétienne, méditée dans le véritable esprit de ses Maximes, par le P. Jard. *Paris*, 1745, 6 *vol. in-12. v. f. d. f. tr.*

THÉOLOGIE PARÉNÉTIQUE, OU LES SERMONS.

21 Sermons du Pere Cheminais. *Paris*, 1764, 5 *vol. in-12.*

22 Sermons de Massillon, petit Carême, *Paris*, 1745, *in-12. mar. r.*

23 Les mêmes. *Ibid.* 1768, *in-12.*

THÉOLOGIE MYSTIQUE.

24 T. à Kempis de Imitatione Christi libri quatuor. *Lugduni, apud Elzevirios, in-12. mar. r.*

25 Eadem Imitatio Christi. *Amst. apud Elzevirios*, 1679, *in-12.*

26 Iidem Libri de Imitatione Christi, recensuit J. Valart. *Parisiis, Barbou*, 1764, *in-12. v. m. d. f. tr.*

27 L'Imitation de J. C. trad. par le P. de Gonelieu. *Paris*, 1753, *in-12. mar. r.*

THÉOLOGIE POLÉMIQUE.

28 Pensées de Bl. Pascal sur la Religion & sur quelques autres sujets. *Paris*, 1725, *in-12.*

29 Dictionnaire Anti-philosophique. *Avignon*, 1767, *in-8.*

THÉOLOGIE HÉTÉRODOXE.

30 Isaaci la Peyrere Præadamitæ. 1655, *in-4.*

31 Histoire des Cérémonies & des Superstitions qui se sont introduites dans l'Eglise. *Amst.* 1717, *in-12. m. r.*

32 Discours sur la Liberté de penser, par A. Collins ; trad. de l'anglois, avec la Lettre d'un Médecin Arabe, &

l'Examen de ces deux Ouvrages, par Crouzas. *Londres*,
1766, 2 *vol. pet. in-8. mar. rouge.*

THÉOLOGIE MAHOMÉTANE.

34 L'Alcoran de Mahomet, trad. de l'arabe, par du Ryer.
Hollande, 1649, *in-12.*

JURISPRUDENCE.

DROIT CANONIQUE.

DROIT CANONIQUE UNIVERSEL.

35 DE l'Etat de l'Eglise, & de la Puissance légitime du
Pontife Romain, trad. du latin de Fébronius. *Amst.* (*Paris*) 1767, 2 *vol. in-12.*
36 Traité du Gouvernement de l'Eglise, trad. du latin de
Justin Fébronius. *Venise* (*Paris*) 1767, 3 *vol. in-12.*
37 Taxe de la Chancellerie Romaine. *Rome*, 1744, *in-12.*

DROIT ECCLÉSIASTIQUE DE FRANCE.

38 Histoire du Droit public Ecclésiastique François. *Londres*,
(*Paris*) 1740, 2 *vol. in-12. v. f.*
39 La même Histoire. *Ibid.* 2 *vol. in-12. v. f.*
40 La Théorie des Bénéfices. (*Paris*) 1767, 2 *vol. in-12.*
41 Traité des Appellations comme d'abus, par Edmond Richer. (*Paris*) 1763, 2 *tom. en un vol. in-12. f. d.*
42 Lettres *ne repugnate. Londres*, (*Paris*) 1750, *in-12.
mar. bl.*
43 De l'Autorité du Clergé & du Pouvoir du Magistrat politique sur l'exercice des fonctions du Ministere Ecclésiastique.
Amst. (*Paris*) 1766, 2 *vol. in-12. f. d.*

DROIT ECCLÉSIASTIQUE DES RÉGULIERS ET DES RELIGIEUX.

44 L'Importance & l'Etendue des Obligations de la Vie mo-
nastique; son utilité dans l'Eglise & dans l'Etat. 1768, 2
vol. in-12.

45 Extraits des Affertions dangereufes & pernicieufes fou-
tenues, enfeignées & publiées par les Jéfuites. *Paris*, 1762,
in-4. *v. éc.*

DROIT CIVIL.

Droit de la Nature et des Gens; et Droit Public.

46 De l'Efprit des Loix, par Ch. de Secondat, Baron de
Montefquieu. *Geneve*, 2 *vol. in*-4. *v. f. d. f. tr.*

47 Le Droit de la Nature & des Gens, par Sam. de Puffen-
dorf, trad. par J. Barbeyrac. *Amft.* 1734, 2 *vol. in*-4.

48 Le même. *Londres (Trévoux)* 1740, 3 *vol. in*-4.

49 Queftions de Droit naturel, & Obfervations fur le Traité
du Droit de la Nature de Wolf, *Berne*, 1762, *in*-12.
v. m.

50 Théorie des Loix Civiles, & Principes fondamentaux de
la Société, par M. Simon-Nic. Linguet. *Londres (Paris)*
1767, 2 *vol. in*-12.

51 Le Droit public de l'Europe fondé fur les Traités, par
l'Abbé de Mably. *Geneve (Paris)* 1764, 3 *vol. in*-12. *v. m.*
f. d.

52 Queftions de Droit public fur une matiere très-intéref-
fante (la Pairie). *Amft.* 1770, *in*-8.

53 Mémoires des Commiffaires du Roi & de ceux de Sa Ma-
jefté Britannique fur les Poffeffions & les Droits refpectifs
des deux Couronnes en Amérique, avec le Précis des faits.
Paris, 1755, 4 *vol. in*-4.

54 Les mêmes Mémoires des Commiffaires du Roi. *Ibid.*
1755, 3 *vol. in*-4.

55 Effais fur l'Efprit de Légiflation favorable à l'Agriculture, à la Population, au Commerce, &c. *Paris*, 1766,
2 *tom. en un vol. in*-8. *v. m.*

56 Légiflation du Divorce, précédée du Cri d'un honnête
Homme qui fe croit fondé en droit naturel & divin à ré-
pudier fa femme. *Londres*, 1769, *in*-8. *br.*

57 Dei Delitti e delle Pene. *Parigi, nella Stamperia di Fr.*
Ambr. Didot, 1780, *in*-8. *v. f. d. f. tr.*

58 Traité des Délits & des Peines, trad. de l'italien du
Marquis Beccaria. *Laufanne*, 1766, *in*-12. *v. f.*

JURISPRUDENCE.

DROIT ROMAIN.

59 Hiſtoire de la Juriſprudence Romaine , par Terraſſon. *Paris*, 1750, *in-fol.*
60 Eſprit des Loix Romaines, trad. du latin de J. Vincent Gravina, par M. Requier. *Paris*, 1766, 3 *vol. in-12.*

DROIT FRANÇOIS.

Loix, Conſtitutions , Edits & Ordonnances.

61 Anciennes Loix des François , conſervées dans les Coutumes Angloiſes recueillies par Littleton ; avec des obſervations par M. David Hoüard. *Rouen*, 1766, 2 *vol. in-4.*
62 Les Loix Civiles , par Domat. *Paris*, 1767, *in-fol.*
63 Commentaire ſur les nouvelles Ordonnances de Louis XIV, par Guy du Rouſſeau de la Combe. *Paris*, 1753, *in-4.*
64 Traité général des Droits d'Aides , par M. Lefebvre de la Bellande. *Paris*, 1760, *in-4. gr. pap. v. éc. d. ſ. tr.*
65 Code des Chaſſes. *Paris*, 1734, 2 *vol. in-12. mar. r.*
66 Traité de la Police , par Nic. Delamarre. *Paris*, 1722, 4 *vol. in-fol.*
67 Le même. *Ibid.* 1722, 4 *vol. in-fol.*

Arrêts & Déciſions des différentes Cours ſouveraines.

68 Journal des Audiences du Parlement de Paris, par J. Dufreſne, Jamet de la Gueſſiere , Mich. Duchemin, &c. *Paris*, 1757, 7 *vol. in-fol.*
69 Collection de Déciſions nouvelles & de Notions relatives à la Juriſprudence actuelle, par J. B. Deniſart. *Paris*, 1768, 3 *vol. in-4.*
70 La même Collection de Déciſions nouvelles, par J. B. Deniſart. *Paris*, 1771, 4 *vol. in-4.*
71 Collection d'Arrêts, Ordonnances, Réglemens, &c. imprimés chez Cl. Fr. Simon ; *in-4.*
72 Ordonnance du Roi, pour régler l'exercice de l'Infanterie. *Paris, de l'Impr. Royale*, 1766, *in-4.*
73 Edit du Roi, portant création d'une Ecole Royale Militaire en 1751, avec des notes hiſtoriques ſur cet établiſſement & ſur d'autres objets; *in-8. manuſc. maroq. bl.*

Droit Coutumier.

74 Coutumier général, ou Corps des Coutumes générales &
particulieres de France, mis en ordre par Ch. A. Bourdot
de Richebourg. *Paris*, 1724, 4 *vol. in-fol.*

75 Le même. *Ibid.* 4 *vol. in-fol.*

76 Dion. Pontani in Consuetudines Blesenses Commentarii,
cum notis Carol. Molinæi. *Parisiis*, 1677, *in-fol.*

77 Coutume de Paris, par P. Le Maistre. *Paris*, 1741,
in-fol.

Jurisconsultes François.

78 Les Œuvres de Ch. Loyseau. *Lyon*, 1701, *in-fol.*

79 Les mêmes. *Ibid. in-fol.*

80 Œuvres du Chancelier d'Aguesseau. *Paris*, 1759, 11 *vol.
in-4.*

81 Œuvres de Robert-Joseph Pothier. *Orléans*, 1773, 6
vol. in-4.

82 Traités sur différentes Matieres de Droit Civil, par Rob.
Joseph Pothier. *Paris*, 1773, 4 *vol. in-4. v. f.*

83 Dictionnaire universel de Justice, Police & Finances, par
Chasles. *Paris*, 1725, 3 *vol. in-fol.*

*Traités singuliers des différentes parties du Droit François,
où il est traité des droits de Mariages, Testamens, Suc-
cessions, droits des Seigneurs, &c.*

84 Œuvres de J. B. Furgole sur les Donations. *Toulouse*,
1761, 2 *tom. en un vol. in-4.*

85 Traité des Justices de Seigneur, & des Droits en dé-
pendans, par Jacquet. *Lyon*, 1764, *in-4.*

86 Les vrais Principes des Fiefs, en forme de Dictionnaire,
par de Fréminville. *Paris*, 1769, 2 *vol. in-4.*

87 Le Livre des Seigneurs, ou le Papier terrier perpétuel,
par le même. *Paris*, 1776, *in-4. v. f.*

88 Traité de la Perfection & Confection des Papiers terriers,
par Bellami. *Paris*, 1746, *in-4. v. f.*

Plaidoyers, Factums, Mémoires, &c.

89 Causes célebres & intéressantes, avec les Jugemens qui
les ont décidées, par Gayot de Pitaval. *Paris*, 1739, 20
vol. in-12. v. dor. sur tr.

90 Œuvres de Henri Cochin. *Paris*, 1771, 6 vol. *in-4.*

91 Procès inftruit extraordinairement contre Meffieurs de Caradeuc de la Chalotais. 1768, 3 vol. *in-12. f. d.*

92 Pieces originales & Procédures du Procès fait à Damiens. *Paris*, 1757; avec la Relation de fon exécution manufc. & plufieurs autres Pieces relatives : 2 vol. *in-4. gr. pap. fig. v. éc.*

93 Recueil de Mémoires pour & contre le Comte de Lally. *Paris*, 1766, 3 vol. *in-4. v. m.*

Styles particuliers, & différentes pratiques judiciaires.

94 Dictionnaire de Droit & de Pratique, par Cl. Jof. de Ferriere. *Paris*, 1762, 2 vol. *in-4.*

95 Le même Dictionnaire de Ferriere. *Paris*, 1771, 2 vol. *in-4.*

SCIENCES ET ARTS.

PHILOSOPHIE.

PHILOSOPHES ANCIENS ET MODERNES.

96 LES Œuvres de Platon, trad. par Dacier. *Paris*, 1701, 2 vol. *in-12. f. d.*

97 Dialogues de Platon, trad. en françois (par le P. Grou). *Amft.* 1770, 2 vol. *in-8.*

98 Porphyrii Philofophi de Abftinentiâ ab efu Animalium Libri quatuor, gr. & lat. cum notis variorum, ex editione Jo. Jac. Reiskii. *Trajecti ad Rhenum*, 1767, *in-4. v. f. f. d.*

99 L. Ann. Senecæ Philofophi Opera omnia, ex J. Lipfii emendatione. *Lugd. Batav. apud Elzevirios*, 1640, 4 vol. *in-12. mar. bl.*

100 Eadem L. A. Senecæ Opera, ex emendatione J. Lipfii & Gronovii. *Amft. apud Elzevirios*, 1658, 3 vol. *in-12. vel.*

101 Selecta Senecæ Philofophi Opera, in gallicum verfa. *Parifiis, Barbou*, 1761, *in-12. v. m. d. f. tr.*

102 Th. Hobbes Opera philosophica. *Amst.* 1668, 2 tom. en un vol. *in*-4. *mar. r.*

103 Eadem Opera philosophica Th. Hobbes. *Ibid.* 1668, 2 vol. *in*-4. *v. éc.*

104 Analyse de la Philosophie de Bacon, avec sa Vie & des Fragmens de ses Œuvres. *Paris*, 1755, 4 *vol. in*-12.

105 Fragmens extraits des Œuvres du Chancelier Bacon, trad. par M. Mary du Moulin. *Paris*, 1765, *in*-12.

106 Essai sur les erreurs & les superstitions, par M. (L. Castillon.) *Amst.* 1765, *in*-12. *v. éc.*

107 Histoire philosophique de l'Homme. *Londres* (*Paris*), 1766, *in*-8. *v. m.*

108 Réflexions philosophiques sur le Systême de la Nature, par M. Holland. *Paris*, 1773, *in*-12. *v. f. f. d.*

109 Histoire des Philosophes modernes, avec leurs Portraits gravés dans le goût du crayon, par M. Saverien. *Paris*, 1761, 6 *vol. in*-4. *gr. pap. mar. r.*

LOGIQUE.

110 La Logique, ou l'Art de penser, par Nicole. *Paris*, 1730, *in*-12.

111 La même Logique. *Paris*, 1752, *in*-12.

MORALE.

112 Locmani Fabulæ, & selecta quædam Arabum Adagia, arab. cum lat. interpretatione & notis Th. Erpenii. *Leidæ*, 1615, *in*-12. *mar. bl.*

113 La Morale d'Epicure, avec des réflexions (par Descoutures). *Paris*, 1685, *in*-12.

114 La Morale d'Epicure, par l'Abbé Batteux. *Paris*, 1758, *in*-8.

115 Theophrasti Characteres Ethici, gr. & lat. cum notis Is. Casauboni, ex recensione & cum notis Petri Needham. *Cantabrigiæ*, 1712, *in* 8. *v. éc. f. d.*

116 Ejusdem Theophrasti Characteres Ethici, gr. & lat. ex recens. P. Needham. *Glasguæ*, 1748, *in*-18. *mar. r.*

117 Caracteres de Théophraste, avec les Caracteres ou les Mœurs de ce siecle, par La Bruyere ; avec des notes par Coste. *Paris*, 1750, 2 *vol. in*-12. *v. f. f. d.*

118 Les mêmes Caracteres de La Bruyere. *Paris*, 1759, 2 vol. *in*-12.

B

119 Les mêmes, avec les notes de Coſte. *Paris*, 1765, *in-4. gr. pap. mar. r.*

120 Les mêmes Caracteres de Théophraſte & de la Bruyere. *Paris*, 1765, *in-4. gr. pap. v. éc. f. d.*

121 Les Fables de Pilpay. *Paris*, 1698, *in-12. m. r.*

122 De la Sageſſe, par P. Charon. *Leide*, *Elzévier*, 1656, *in-12.*

123 Le même Traité de la Sageſſe, par P. Charron. *Amſt. Elzévier*, 1662, *in-12. vél.*

124 La Doctrine des Mœurs, repréſentée en cent tableaux, & expliquée par Gomberville. *Paris*, 1646, *in-fol. fig.*

125 Réflexions, Sentences & Maximes morales de La Rochefoucault, avec des notes par Amelot de la Houſſaye. *Paris*, 1725, *in-12.*

126 Les mêmes Réflexions de La Rochefoucault, avec les remarques de l'Abbé de la Roche. *Paris*, 1765, *in-12.*

127 Les Devoirs de l'Homme & du Citoyen, trad. de Pufendorf par J. Barbeyrac. *Trévoux*, 1747, 2 *vol. in-12.*

128 Traité du vrai Mérite de l'Homme, par le Maître de Claville. *Paris*, 1761, 2 *vol. in-12.*

129 Le même. *Ibid.* 1761, 2 *vol. in-12. f. d.*

130 Le Spectateur, ou le Socrate moderne, trad. de l'anglois. *Paris*, 1755, 3 *vol. in-4. v. f. d. f. tr.*

131 Le même Spectateur. *Ibid.* 3 *vol. in-4.*

132 Le même. *Amſt.* 1754, 7 *vol. in-12. f. d.*

133 Le Spectateur François, par Carlet de Chamblain de Marivaux. *Paris*, 1728, 2 *vol. in-12. f. d.*

134 Le même. *Ibid.* 1752, 2 *vol. in-12.*

135 Penſées du Comte d'Oxenſtiern ſur divers ſujets. *La Haye* (*Rouen*), 1744, 2 *tom. en un vol. in-12. d. f. tr.*

136 Conſidérations ſur les Mœurs de ce ſiecle, par Duclos. (*Paris*), 1751, *in-12.*

137 Entretiens de Phocion ſur le rapport de la Morale avec la Politique, par l'Abbé de Mably. *Amſt.* (*Paris*), 1763, *in-12. v. m.*

138 Les mêmes Entretiens de Phocion. (*Ibid.*) 1767, *in-12.*

139 Traité de la Connoiſſance de ſoi-même, par Jean Maſon, & trad. de l'anglais par Brunier. *Amſt.* 1765, *in-8. f. d.*

140 J. J. Rouſſeau à M. d'Alembert, ſur ſon article Geneve, & ſur le projet d'établir un Théâtre de Comédie en cette Ville. *Amſt.* 1758, *in-8.*

141 De la Sociabilité, par M. l'Abbé Pluquet. *Paris*, 1767, 2 *vol. in-12.*

142 Traité de l'Amitié, par de Sacy. *Paris*, 1703, *in-12. v. f. f. d.*

143 * Le même Traité de l'Amitié, par de Sacy. *Paris*, 1722, *in-12.*

144 Traité de la Gloire, par de Sacy. *La Haye (Paris)*, 1745, *in-12. f. d.*

145 De la Passion du Jeu, depuis les temps anciens jusqu'à nos jours, par M. Dusaulx. *Paris*, 1779, *in-8. br.*

ŒCONOMIE.

146 Lud. Septalii Opera omnia de ratione Familiæ, cùm instituendæ, tùm gubernandæ libri v, & de ratione Statûs libri VII. *Venetiis*, 1752, *in-4. vél.*

147 Principes & Observations œconomiques. *Amst.* 1767, 2 *vol. in-12.*

148 De l'Education, par J. J. Rousseau. *La Haye (Paris)*, 1762, 4 *vol. in-8. fig. mar. r.*

149 Emile Chrétien, consacré à l'utilité publique, rédigé par M. Formey. *Berlin*, 1764, 4 *tom. en 2 vol. in-8. fig. en cart.*

150 Cours d'Etude pour l'instruction du Prince de Parme, par M. l'Abbé de Condillac. *Parme*, 1775, 16 *vol. in-8. v. f. f. d.*

151 Le Gouverneur, ou Essai sur l'Education, par M. D. L. F. *Londres*, 1768, *in-12.*

152 Dictionnaire historique d'Education. *Paris*, 1771, 2 *vol. in-8.*

153 Vues d'un Citoyen, (par de Chamousset.) *Paris*, 1757, 2 *vol. in-12.*

154 Les mêmes Vues d'un Citoyen, *rel. en un seul vol. in-12.*

155 Le Citoyen désintéressé, ou diverses Idées patriotiques concernant quelques Etablissemens & Embellissemens utiles à la Ville de Paris, par M. Dussausoy. *Paris*, 1767, 2 *vol. in-8. fig. v. éc.*

157 Exposé d'une Administration des Forêts & Bois ; Moyens de l'établir & d'en assurer les effets ; précédé des causes de l'état actuel des Forêts & Bois du Royaume ; *in-fol. manuscrit.*

POLITIQUE.

158 Tutte le Opere di Nic. Machiavelli. *Londra*, 1747, 2 vol. *in*-4. *gr. pap. v. f.*

159 Le medesime Opere di Nic. Machiavelli. *Ibid.* 1747, 2 vol. *in*-4. *v. éc. f. d.*

160 Pietra del Paragone politico, di Trojano Boccalini. *Cosmopoli*, 1671, *in*-32. *fig. mar. r.*

161 L'Utopie de Th. Morus, trad. par Gueudeville. *Amst.* 1730, *in*-12. *fig. mar. r.*

162 Annales politiques, par l'Abbé de Saint-Pierre. *Londres (Paris)*, 1758, 2 vol. *in*-12.

163 Discours politiques, trad. de l'anglois de D. Hume par M. l'Abbé Le Blanc. *Dresde*, 1755, 2 vol. *in*-8. *mar. r.*

164 L'Esprit des Nations. *La Haye*, 1752, 2 vol. *in*-12. *v. m. f. d.*

165 Les Intérêts des Nations de l'Europe, développés relativement au Commerce. *Paris (Holl.)* 1767, 4 vol. *in*-12.

166 Principes de Droit politique, par J. J. Rousseau. *Amst.* 1762, *in*-8. *v. éc.*

167 L'Ordre naturel & essentiel des Sociétés politiques, (par M. de la Riviere) *Londres (Paris)* 1767, *in*-4.

168 Doutes proposés aux Philosophes économistes sur l'Ordre naturel & essentiel des Sociétés politiques, par l'Abbé de Mably. *La Haye*, 1768, *in*-12. *v. m. f. d.*

169 L'Homme d'Etat, par Nic. Donato, trad. de l'italien. *Paris*, 1767, 3 vol. *in*-12. *v. m. f. d.*

170 Discussions & Développemens sur quelques-unes des notions de l'Economie politique. *Paris*, 1767, *in*-8. *f. d.*

171 Physiocratie, ou Constitution naturelle du Gouvernement le plus avantageux au genre humain, par Dupont. *Paris*, 1768, *in*-8. *f. d.*

172 La Politique naturelle, ou Discours sur les vrais Principes du Gouvernement. *Londres*, 1773, 2 tom. en un vol. *in*-8. *v. f. d. f. tr.*

173 Les Loisirs du Chevalier d'Eon de Beaumont, sur divers sujets importans d'Administration, &c. *Amst.* 1774, 13 vol. *in*-8. *v. éc. f. d.*

174 L'Homme en Société, ou nouvelles Vues politiques & économiques pour porter la population au plus haut degré en France. *Amst.* 1763, 2 vol. *in*-12. *v. m.*

175 L'Ami des Hommes, ou Traité de la Population , par M. de Mirabeau. *Paris*, 1758 , 3 *vol. in-4.*

176 Le même Traité de la Population , avec la Théorie de l'Impôt, par M. de Mirabeau. (*Paris*), 1759, 7 *vol. in-12. v. m.*

177 La Fable des Abeilles, ou les Fripons devenus honnêtes Gens, avec un commentaire où l'on prouve que les vices des Particuliers rendent à l'avantage du Public, trad. de l'anglois de Mandeville. *Londres*, 1740, 4 *tom. en 2 vol. in-12. mar. r.*

178 La même Fable des Abeilles. *Londres* (*Paris*), 1750, 4 *vol. in-12.*

179 Considérations sur le Gouvernement ancien & présent de la France, par le Marquis d'Argenson. *Amst.* 1764, *in-8. v. m.*

180 Essais sur les Ponts & Chaussées, la Voierie & les Corvées. *Amst.* (*Paris*), 1759, *in-12. v. m.*

181 De l'Exportation & de l'Importation des Grains, par M. Dupont. *Paris*, 1764, *in-8. mar. bl.*

182 Abrégé de la Police, avec des réflexions sur l'accroissement des Villes, par Willebrand. *Hambourg*, 1765, *in-8. f. d.*

183 Mahmoud le Gasnevide, Histoire Orientale, (par M. Melon.) *Rotterdam*, 1729, *in-8. v. f. f. d.*

184 Testament politique d'Armand du Plessis, Cardinal Duc de Richelieu. *Paris*, 1764, 2 *tom. en un vol. in-8. v. m.*

185 Testament politique du Card. Albéroni, trad. de l'italien. *Lausanne*, 1754, *in-12.*

186 Testament politique du Chevalier Walpoole , Ministre d'Angleterre. *Paris*, 1767, 2 *vol. in-12.*

187 Lettres & Négociations de M. van Hoey , Ambassadeur d'Hollande à la Cour de France , pour servir à l'Histoire du Cardinal de Fleury. *Londres* (*Paris*), 1743, *in-12. f. d.*

Traités sur les Finances & le Commerce.

188 Projet d'une Dixme Royale, par de Vauban. 1707, *in-4.*

189 Projet de Taille tarifée, par l'Abbé de Saint-Pierre. *Paris*, 1723, *in-4.*

190 Essai analytique sur la Richesse & sur l'Impôt. *Londres* (*Paris*), 1767, *in-8. v. m.*

191 Compte rendu au Roi , par M. Necker, en Janvier 17 *Paris*, *Impr. Royale*, 1781, *in-4. mar. r.*

192 Essai sur la qualité des Monnoies étrangeres, & sur leurs différens rapporrs avec les Monnoies de France, par M. Macé de Richebourg. *Paris, de l'Imprimeree Royale*, 1764, *in-fol.*

193 Essais sur le Commerce, le Luxe, l'Argent, les Impôts, &c. par David Hume, trad. de l'anglois. *Paris*, 1767, *in-12.*

194 Mémoire sur l'Administration des Finances de l'Angleterre, trad. de l'anglois de M. Grenville. *Mayence (Paris)* 1768, *in-4.*

195 Dictionnaire universel de Commerce, par Savary. *Paris*, 1748, 3 *vol. in-fol.*

196 Histoire du Commerce & de la Navigation des Peuples anciens & modernes. *Paris*, 1758, 2 *vol. in-12. v. m. f. d.*

197 Essai sur les Intérêts du Commerce maritime (par M. d'Heguerty). *La Haye (Paris)*, 1754, *in-12.*

198 La Noblesse commerçante, par l'Abbé Coyer. *Paris*, 1756, *in-12. v. m. f. d.*

199 Œuvres de l'Abbé Coyer. *Paris*, 1765, 2 *vol. in-12. v. éc.*

200 Mémoire sur la Liberté du Commerce des Grains, par M. Quesnay; *in-4. manusc. mar. r.*

201 Dialogues sur le Commerce des Bleds, par l'Abbé Gagliani. *Londres (Paris)*, 1770, *in-8. v. m.*

202 Sur la Législation & le Commerce des Grains, (par M. Necker.) *Paris*, 1775, *in-8. broshé.*

203 Rétablissement des Manufactures & du Commerce d'Espagne, trad. de l'espagnol de D. B. de Ulloa, par Plumard de Dangeul. *Paris*, 1753, *in-12. v. éc. doré sur tr.*

204 Remarques sur les avantages & les défavantages de la France & de la Grande-Bretagne par rapport au Commerce, trad. de l'anglois de Nickolls (par Dangeul). *Leide (Paris)*, 1754, *in-12. mar. r.*

MÉTAPHYSIQUE.

205 Essai philosophique concernant l'Entendement humain, rrad. de l'anglois de J. Locke par Coste. *Amst.* 1742, *in-4. v. f. d. f. tr.*

206 Le même Essai sur l'Entendement humain. *Ibid. in-4.*

207 De la Recherche de la Vérité, par N. Malebranche. *Paris*, 1712, *in-4. v. f. d. f. tr.*

208 Œuvres philosophiques latines & françoises de Léib-

nitz, publiées par M. Rud. Eric Raspe. *Amst.* 1765, in-4. *v. f. f. d.*

209 La Philosophie du Bon-Sens, ou Réflexions philoso-phiques sur l'Incertitude des Connoissances humaines, par le Marquis d'Argens. *La Haye,* 1746, 2 *vol. in-*12.

210 Introduction à la Connoissance de l'Esprit humain, sui-vie de réflexions, par de Vauvenargues. *Paris,* 1747, *in-*12.

211 L'Anthropologie, Traité Métaphysique par le Marquis de Gorini Corio, trad. de l'italien. *Geneve,* 1761, 2 *vol. in-*12. *v. m. f. d.*

212 Traité des Extrêmes, ou Elémens de la Science de la Réalité, par M. Changeux. *Paris,* 1767, 2 *vol. in-*12.

213 Amusement philosophique sur le Langage des Bêtes, (par le Pere Bougeant.) *Paris,* 1739, *in-*12, *mar. r.*

214 Le même Traité, avec la lettre du Désaveu de ce Pere, manuscrite, à la fin du volume. *Ibid.* 1739, *in-*12.

215 Dissertations sur les Apparitions des Anges, des Dé-mons, des Esprits, & sur les Revenans & Vampires, par D. Aug. Calmet. *Paris,* 1746, *in-*12. *v. m. d. f. tr.*

PHYSIQUE.

216 Dictionnaire de Physique, par le P. Aimé Henri Pau-lian. *Avignon,* 1761, 3 *vol. in-*4. *fig.*

217 Exposition des Découvertes philosophiques de Newton, par Maclaurin; trad. de l'anglois, par Lavirotte. *Paris,* 1749, *in-*4. *fig.*

218 Chroa-génésie, ou Génération des Couleurs contre le Système de Newton, par Gautier. *Paris,* 1750, 2 *vol. in-*12. *v. m.*

219 Elémens de la Philosophie de Newton, mis à la portée de tout le monde, par de Voltaire. *Amst.* 1738, *in-*8. *fig.*

220 Elémens de Physique, ou Introduction à la Philosophie de Newton, par G. J. s'Gravesande; trad. par Roland de Virloys. *Paris,* 1747, 2 *vol. in-*8. *fig. mar. r.*

221 Teliamed, ou Entretiens sur la diminution de la mer, la formation de la terre, &c. par de Maillet. *Amst.* (*Paris*), 1748, 2 *vol. in-*8.

222 Le même Téliamed. *Ibid.* 1755, 2 *vol. in-*12.

Mélanges de Physique.

223 Les Entretiens physiques du P. Regnault. *Paris*, 1745, 4 *vol. in-*12. *fig. v. f.*

224 Vue philosophique de la Gradation naturelle des formes de l'être, ou les Essais de la Nature qui apprend à faire l'Homme, par J. B. Robinet. *Amst.* 1768, *in-*8.

225 Leçons de Physique expérimentale, par l'Abbé Nollet. *Paris*, 1767, 6 *vol. in-*12. *fig.*

226 Essai sur l'Electricité des Corps, par Nollet. *Paris*, 1746, *in-*12. *fig. v. f.*

227 Le même. *Ibid.* 1746, *in-*12. *fig. v. m. d. f. tr.*

228 Lettres sur l'Electricité, par le même. *Paris*, 1753, *in-*12. *fig. v. f.*

229 L'Art des Expériences, par le même. *Paris*, 1770, 3 *vol. in-*12. *fig. v. m. f. d.*

230 Le Spectacle du Feu élémentaire, ou Cours d'Electricité expérimentale, par M. Ch. Rabiqueau. *Paris*, 1753, *in-*8. *fig.*

231 Œuvres de M. Franklin, trad. de l'anglois, par Barbeu Dubourg. *Paris*, 1773, 2 *tom. en un vol. in-*4. *fig. v. f.*

232 Storia e Fenomeni del Vesuvio, esposti dal P. Giov. Maria della Torre. *In Napoli*, 1755, *in-*4. *fig.*

233 Emastatica, o sia statica de gli animali esperienze idrauliche fatte sugli animali viventi dal S. Hales; trasportata nell' italiano idioma dal franzese. *In Napoli*, 1750, *in-*8.

234 Description & Usage d'un Cabinet de Physique expérimentale, par M. Sigaud de la Fond. *Paris*, 1775, 2 *vol. in-*8. *br. fig.*

HISTOIRE NATURELLE.

HISTOIRE NATURELLE GÉNÉRALE.

235 Dictionnaire raisonné universel d'Histoire naturelle, par M. Valmont de Bomare. *Paris*, 1764, 6 *vol. in-*8. *v. f. d. f. tr.*

236 Le même Dictionnaire d'Histoire naturelle. *Ibid.* 1768, 4 *vol. in-*4. *v. m.*

237 Manuel du Naturaliste. *Paris*, 1770, *in-*8. *f. d.*

238 C. Plinii Secundi Historiæ naturalis Libri xxxvii, quos
recensuit

recensuit & notis illustravit Gabr. Brotier. *Parisiis, Barbou*, 1779, 6 *vol. in-12. v. m. d. f. tr.*

239 Histoire naturelle de Pline, trad. en françois avec le texte latin, accompagnée de notes critiques & d'observations, par M. Poinsinet de Sivry. *Paris*, 1771, 11 *vol. in-4. v. f*

240 Le Spectacle de la Nature, par l'Abbé Pluche. *Paris*, 1737, 9 *vol. in-12. fig. v. m f. d.*

241 Le même Spectacle de la Nature, avec l'Histoire du Ciel. *Paris*, 1742, 11 *vol. in-12. fig. f. d.*

242 Histoire naturelle, générale & particuliere, avec la Description du Cabinet du Roi, par M. de Buffon. *Paris, de l'Impr. Royale*, 1749, 27 *vol. in-4. fig. v. m. f. d.*

243 La même Histoire naturelle de M. de Buffon. *Paris, de l'Impr. Royale*, 1749, 13 *vol. in-4. fig. v. éc. f. d.*

244 La même Histoire naturelle de M. de Buffon. *Paris*, 1752, 19 *tom. en* 20 *vol. in-12*, *fig.*

245 Lettres à un Américain sur l'Histoire naturelle de M. de Buffon, (par M. l'Abbé de Lignac.) *Hambourg*, 1751, 5 *vol. in-12. f. d.*

246 Recueil de divers Traités sur l'Histoire naturelle de la Terre & des Fossiles, par M. Bertrand. *Avignon*, 1766, *in-4. v. m.*

247 Cours d'Histoire naturelle. *Paris*, 1770, 7 *vol. in-12. fig. br.*

248 Athan. Kircheri Mundus subterraneus. *Amst.* 1678, 2 *vol. in-fol. fig.*

249 Mélanges intéressans & curieux, ou Abrégé d'Histoire naturelle, morale, civile & politique de l'Asie, l'Afrique & l'Amérique, (par M. Rousselot de Surgy.) *Paris*, 1766, 10 *vol. in-12. v. m f. d.*

250 Car. Linnæi Systema Naturæ. *Lugd. Batav.* 1756, *in-8.*

251 Mémoire instructif sur la maniere de rassembler, de préparer, de conserver & d'envoyer les diverses curiosités d'Histoire naturelle, (par le Chevalier Turgot.) *Paris*, 1758, *in-8. fig.*

HISTOIRE NATURELLE PARTICULIERE DES TROIS REGNES.

Regne minéral.

252 Minéralogie de J. Gotschalk Wallerius, trad. de l'alle-

mand par M. le Baron d'Holbach. *Paris*, 1753, 2 *vol.
in-8.*

253 Minéralogie, ou nouvelle Exposition du Regne minéral,
par M. Valmont de Bomare. *Paris.* 1761, 2 *vol. in-8.*

254 Elémens de Minéralogie docimastique, par M. Sage.
Paris, 1772, *in-8.*

255 Lettres philosophiques sur la Formation des Sels & des
Cristaux, & sur la Génération & le Mécanisme organique
des Plantes & des Animaux, par Bourgnet. *Amst.* 1729,
in-12.

256 Essai de Cristallographie, ou Description des Figures
géométriques propres à différens corps du Regne minéral,
connus vulgairement sous le nom de cristaux, par M. Ro-
mé Delisle. *Paris*, *Didot*, 1772, *in-8. figures, broché.*

257 Pyritologie, ou Histoire naturelle de la Pyrite : on y a
joint le Flora Saturnisans & les Opuscules minéralogiques,
par J. Fr. Hanckel, trad. de l'allemand. *Paris*, 1760,
in-4. fig.

258 L'Oryctologie, qui traite des Terres, des Pierres, des
Métaux, Minéranx, &c; par Dezallier d'Argenville. *Paris*, 1755, *in-4. fig.*

259 Della Storia naturale delle Gemme, delle Pietre e di
tutti Minerali, ovvero della Fisica sotterrauea di Giacinto
Gimma. *In Napoli*, 1730, 2 *vol. in-4.*

260 Le parfait Jouaillier, ou Histoire des Pierreries, par
Boëce de Boot. *Lyon*, 1644, *in-8.*

261 Traité des Pétrifications, par Bourguet. *Paris*, 1742,
in-4. fig.

262 Le même Traité. *Ibid. in-4. fig.*

263 Lithogéognosie, ou Examen chymique des Pierres &
des Terres en général, trad. de l'allemand de J. Pott.
Paris, 1753, 2 *vol. in-12.*

264 Dictionnaire universel des Fossiles, par Bertrand. *La
Haye*, 1763, *in-8.*

265 Le même Dictionnaire. *Ibid. in 8.*

Regne végétal.

266 Dictionnaire Botanique & Pharmaceutique. *Paris*, 1759,
in-8.

267 Elémens de Botanique, par Pitton Tournefort. *Paris,
de l'Impr. Royale*, 1694, 3 *vol. in-8. mar. bl.*

258 Manuel de Botanique, par M. Duchesne. *Paris*, 1764, *in*-12. *mar. r.*

269 La Statique des Végétaux & l'Analyse de l'Air, par Hales, trad. de l'anglois par M. de Buffon. *Paris*, 1735, *in*-4.

270 Plantes usuelles curieuses & étrangeres, selon les Systêmes de Tournefort & Linnæus, gravées & imprimées en couleur par M. Gautier Dagoty. *Paris*, 1765, *in-fol. premier cahier, br.*

271 La Botanique mise à la portée de tout le monde, ou Collection des Plantes enluminées, d'usage dans la Médecine, dans les Alimens & dans les Arts, avec la Description, le Climat, la Culture, les Propriétés & Vertus de chaque Plante, par les sieur & dame Regnault. *Paris*, 1774, 2 *vol. in-fol. gr. pap. v. m. f. d.*

272 Flore Françoise, ou Description succinte de toutes les Plantes qui croissent naturellement en France, par M. le Chevalier de Lamarck. *Paris, de l'Impr. Roya'e*, 1778, 3 *vol. in-8. fig. v. m.*

273 Vingt-quatre Plantes gravées & enluminées par de Seve; *in-fol. en cart.*

274 Des Jacintes, de leur anatomie, reproduction & culture, par le Marquis de Saint-Simon. *Amst.* 1748, *in*-4. *gr. pap. fig. v. m. f. d.*

275 Traité sur la Jacinte, par G. Voorhelm. *Harlem*, 1752, *in*-8. *fig.*

276 Histoire du Tabac, par de Prade. *Paris*, 1616, *in*-12. *fig.*

277 Histoire naturelle des Fraisiers, par M. Duchesne. *Paris*, 1766, *in*-12.

278 Fructologie, ou Description des Arbres fruitiers, ainsi que des Fruits, par J. Herman Knoop, avec figures enluminées. *Amst.* 1771, *in-fol. v. m.*

279 Traité des Arbres & Arbustes qui se cultivent en France en pleine terre, par M. Duhamel du Monceau. *Paris*, 1755, 2 *vol. in*-4. *fig. v. éc.*

280 Le même Traité des Arbres & Arbustes. *Ibid.* 2 *vol. in*-4. *fig.*

281 La Physique des Arbres, où il est traité de l'Anatomie des Plantes & de l'Economie végétale, par M. Duhamel du Monceau. *Paris*, 1757, 2 *vol. in*-4. *fig. v. éc.*

282 Le même Ouvrage de la Physique des Arbres. *Ibid.* 2 *vol. in*-4. *fig.*

283 Des Semis & Plantations des Arbres, & de leur Culture, par M. Duhamel du Monceau. *Paris*, 1760, *in-4. fig. v. éc.*

284 Le même Ouvrage des Semis & Plantations des Arbres. *Ibid. 2 vol. in-4. fig.*

285 Traité des Arbres fruitiers, par le même. *Paris*, 1768, 2 *vol. in-4. gr. pap fig. v. éc. d. f. tr.*

286 Le même Traité des Arbres fruitiers. *Ibid. 2 vol. in-4. gr. pap. fig. v. m.*

287 De l'Exploitation des Bois, par M. Duhamel du Monceau. *Paris*, 1764, 2 *vol. in 4. fig. v. éc.*

288 Le même Traité de l'Exploitation des Bois. *Ibid. 2 vol. in-4. fig.*

289 Du Transport, de la Conservation, & de la Force des Bois, par M. Duhamel du Monceau. *Paris*, 1767, *in-4. fig. v. éc.*

290 Le même Traité du Transport & de la Conservation des Bois. *Ibid. In-4. fig.*

291 Joann. B. Ferrarii Hesperides, five de Malorum aureorum Culturâ & Usu. *Romæ*, 1646, *in-fol. fig. v. f. d. f. tr.*

Regne animal.

293 Ornithologie, par M. Brisson. *Paris*, 1760, 6 *vol. in-4. gr. pap. fig. mar. bl.*

294 Histoire naturelle des Oiseaux, par M. de Buffon. *Paris, de l'Impr. Royale*, 1771, 4 *vol. in-fol. gr. pap. br. en cart. six cents quarante-huit figures enluminées.*

295 Carton contenant des figures enluminées des Oiseaux de l'Histoire naturelle de M. de Buffon.

296 Mémoires pour servir à l'Histoire des Insectes, par de Réaumur. *Paris, de l'Impr. Royale*, 1734, 6 *vol. in-4. fig. v. éc.*

297 Les mêmes Mémoires, par de Réaumur. *Ibid.* 1734, 6 *vol. in-4. fig.*

298 Histoire abrégée des Insectes, par Geoffroy. *Paris*, 1764, 2 *vol. in-4. fig.*

299 Recreatio Mentis & Oculi in observatione Animalium Testaceorum, ital. sermone proposita à Phil. Bonanno, & lat. oblata. *Romæ*, 1684, *in-4. fig. v. éc.*

300 Georgii Everhardi Rumphii Thesaurus Imaginum Piscium

Teſtace ᵒ ụm , ut & Cochlearum ; quibus accedunt **Conchy-**
lia & Mineralia. *Hagæ-Comitum* , 1739 , *in-fol. fig.*

301 Index Teſtarum Conchyliorum quæ adſervantur in Muſæo
Nic. Gualtieri. *Florentiæ* , 1742 , *in-fol. fig. charta max.*
v. f. d. f. tr.

302 De Corporibus marinis lapideſcentibus quæ defoſſa re-
periuntur , auctore Auguſtino Scillâ. *Romæ* , 1747 , *in-4.*
fig. v. éc.

303 Ordre naturel des Ourſins de mer & Foſſiles, par Theod.
Klein. *Paris* , 1754 , *in-8. fig.*

304 L'Hiſtoire naturelle éclaircie dans une de ſes parties
principales , la Conchyliologie , qui traite des Coquillages
de mer, de riviere & de terre , par Dezallier d'Argenville. *Paris* , 1757 , *in-4. fig.*

305 La même Conchyliologie , augmentée en cet exemplaire
de remarques critiques manuſcrites & d'un deuxieme ap-
pendice ; figures enluminées. *Ibid.* 1757 , 2 *vol. in-4.*
mar. r.

306 Choix de Coquillages & de Cruſtacées peints d'après nature , gravés en taille-douce , & enluminés de leurs vraies
couleurs, par Fr. Michel Regenfuſſ. *Copenhague* , 1758 ,
in-fol. m. en cart.

TRAITÉS D'AGRICULTURE ET CHOSES RUSTIQUES.

307 Dictionnaire économique , par Noël Chomel , édition
corrigée & augmentée par M. de la Marre. *Paris* , 1767 ,
3 *vol. in-fol.*

308 Le même Dictionnaire économique de Chomel. *Paris* ,
1767 , 3 *vol. in-fol.*

309 L'Agronome , ou Dictionnaire portatif du Cultivateur.
Paris , 1760 , 2 *vol. in-8.*

310 Le même Dictionnaire portatif du Cultivateur. *Paris* ,
1764 , 2 *vol. in-8.*

311 La nouvelle Maiſon Ruſtique, par Liger. *Paris* , 1721 ,
2 *vol. in-4. fig.*

312 La même nouvelle Maiſon Ruſtique. *Paris* , 1768 , 2
vol. in-4. fig.

313 Eſſai ſur l'Amélioration des Terres, (par M. Patullo.)
Paris , 1758 , *in 12. v. m. f. d.*

314 Le Gentilhomme Cultivateur, ou Corps complet d'Agriculture, trad. de l'anglais de Hale , par Dupuy Demportes.
Paris , 1761 , 8 *tom. en 4 vol. in-4. fig.*

315 Philofophie rurale, ou Economie générale & politique de l'Agriculture, (par M. Quefnay.) *Amft. (Paris)*, 1763, in-4. v. éc.

316 La même Philofophie rurale. *Ibid.* 1763, in-4.

317 Elémens de la Philofophie rurale. *La Haye*, 1767, in-12. v. m.

318 Le bon Fermier, ou l'Ami des Laboureurs. *Lille*, 1767, in-12.

319 Le Socrate Ruftique, ou Defcription de la conduite économique & morale d'un Payfan Philofophe, trad. de l'allemand de M. Hirzel. *Zurich*, 1768, in 12. v. m.

320 Année Champêtre, qui traite de ce qu'il convient de faire chaque mois dans le Potager. *Paris*, 1769, 3 vol. 1769, 3 *vol. in-12.*

321 Prairies artificielles, (par M. de la Salle de l'Etang.) *Paris*, 1758, in-12. v. f. doré fur tr.

322 Traité des Bêtes à laine, ou Méthode d'élever & de gouverner les Troupeaux, par M. Carlier. *Paris*, 1770, 2 *vol. in* 4.

323 Inftruction pour les Jardins fruitiers & potagers, par de la Quintinye. *Paris*, 1756, 2 *vol. in-4. fig.*

324 Traité des Jardins, ou le nouveau de la Quintinye. *Paris*, 1775, 2 *vol. in-8. fig.*

325 Le Jardinier folitaire. *Paris*, 1738, *in-12.*

326 Le Calendrier des Jardiniers, trad. de l'anglais de Bradley. *Paris*, 1750, *in-12. fig.*

327 Nouvelles Obfervations phyfiques & pratiques fur le Jardinage, trad. de l'anglais de Bradley. *Paris*, 1756, 3 *vol. in-12. fig.*

328 Les Agrémens de la Campagne, ou Remarques particulieres fur la Conftruction des Maifons de Campagne, des Jardins, &c. *Paris*, 1752, 3 *vol. in-12. fig.*

329 L'Ecole du Jardin potager, (par de Combes.) *Paris*, 1770, 2 *vol. in-12.*

330 L'école du Jardinier Fleurifte. *Yverdon*, 1767, *in-12.*

331 L'Art de former les Jardins modernes, ou l'Art des Jardins Anglais, trad. de l'anglais. *Paris*, 1771, *in-8. fig. v. m.*

332 Differtation fur le Jardinage de l'Orient, par M. de Chambers. *Londres*, 1772, *in-4. br.*

MÉDECINE.

MÉDECINS ANCIENS.

333 Hippocratis Aphorismi, gr. & lat. ex edit. Theod. Jans-
fonii. *Glasguæ*, 1748, *in-18. d. f. tr.*
334 Lettre d'Hyppocrate à Damagette, trad. en français.
Cologne (Paris), 1700, *in-12.*

MÉDECINS MODERNES.

335 Dictionnaire universel de Médecine, Chirurgie, Botanique, Anatomie, Pharmacie, Histoire Naturelle, &c.
trad. de l'anglois de James, par MM. Diderot, Éidous &
Touffaint ; revu & augmenté par M. Buffon. *Paris*, 1746,
6 vol. in-fol.
336 Dictionnaire portatif de Santé. *Paris*, 1760, *2 vol. in-8.*
337 Le même Dictionnaire. *Paris*, 1771, *2 vol. in-8.* ——
Dictionnaire portatif de Chirurgie, par M. Sue le jeune,
formant le tome troisieme de l'Ouvrage précédent. *Paris*,
1771, *in-8.*
338 Dictionnaire universel & raisonné de Médecine, de
Chirurgie & de l'Art Vétérinaire. *Paris*, 1772, *6 vol.
in-8.*
339 Hermanni Boerhaave Tractatus de Viribus Medicamen-
torum, cum notis Bened. Boudon. *Parisiis*, 1740, *in-12.*
340 Commentaires des Aphorifmes de Médecine de Boerhaave, par van Swieten, trad. en français par M. Moublet.
Avignon, 1766, *2 vol. in-12. v. m. f. d.*
341 L. Christ. Frid. Garmanni de Miraculis Mortuorum
Libri tres, Opus Phyfico medicum. *Lipfiæ*, 1709, *in-4.
v. m.*
342 Effai Phyfique fur l'Economie animale, par M. Quefnay.
Paris, 1747, *3 vol. in-12.*
343 Traité des Fievres continues, par M. Quefnay. *Paris*,
1753, *2 vol. in-12. mar. r.*
344 Précis de la Médecine pratique, par M. Lieutand. *Paris*, 1769, *2 vol. in-8.*
345 Collection des Ouvrages de Médecine de M. Tiffot. *Paris*, 1769, *5 vol. in-12.*
346 La même Collection de M. Tiffot. *Ibid.* 1769, *6 vol.
in-12.*

347 Traité de l'Epilepsie, par Tissot. *Paris*, 1770, *in*-12.
348 Le même Traité de l'Epilepsie. *Ibid.* 1770, *in*-12.
349 Essai sur l'Education médecinale des Enfans & sur leurs Maladies, par M. Brouzet. *Paris*, 1754, 2 *vol. in*-12. *f. d.*
350 Recueil de Pieces concernant les Naissances tardives, par M. A. Petit. *Amst.* (*Paris*) 1765, 2 *vol. in*-8. *broch.*
351 Traité des Maladies des Femmes, trad. du latin de Fizerall. *Faris*, 1758, *in*-12.
352 Réflexions sur les Affections vaporeuses, ou Examen du Traité des Vapeurs des deux Sexes. *Amst.* (*Paris*) 1763, *in*-12.
353 Nouveau Système sur la Cause de l'Evacuation périodique du Sexe, par M. le Cat. *Amst.* 1765, *in*-8.
354 Traité de l'Existence, de la Nature & des Propriétés du Fluide des Nerfs, par le même. *Berlin*, 1765, *in*-8. *fig.*
355 Traité des Sensations & des Passions en général, & des Sens en particulier, avec la Théorie de l'Ouie, par le même. *Paris*, 1767, 3 *vol. in*-8. *fig. v. m.*
356 Traité Théorique & Pratique des Maladies inflammatoires, par M. Jos. Fr. Carrere. *Paris*, 1772, *in*-12. *v. éc. doré sur tr.*
357 De la Connoissance & du Traitement des Maladies, principalement aigües, trad. du latin d'Eller par M. Le Roy. *Paris*, 1774, *in*-12.
358 Traité de la Goutte, par Liger. *Paris*, 1753, *in*-12.
359 Essai sur les Maladies des Gens de mer. *Marseille*, 1766, *in*-12.
360 Traité des Maladies des Gens de mer, par M. Poissonnier Desperrieres. *Paris*, 1767, *in*-8. *mar. r.*
361 Formules de Médecine latines & franç. par P. Garnier. *Paris*, 1764, *in*-12.
362 Traité des Eunuques, par Dolincan. 1707, *in*-12. *mar. r.*
363 L'Ecole de Salerne, trad. en vers franç. par Bruzen La Martiniere. *Paris*, 1753, *in*-12.
364 De la Sobriété & de ses Avantages, trad. de Lessino & de Cornaro par M. D. L. B. *Paris*, 1772, *in*-12
365 Dictionnaire portatif de Cuisine, d'Office & de Distillation. *Paris*, 1770, *in*-8.
366 Mémoire sur les Maladies épidémiques des Bestiaux, par Barberet. *Paris*, 1766, *in*-8.

ANATOMIE

ANATOMIE ET CHIRURGIE.

367 Dictionnaire raifonné d'Anatomie & de Phyfiologie. *Paris*, 1766, 2 *vol. in-8.*

368 Expofition anatomique de la Structure du Corps humain, par J. B. Winflow. *Paris*, 1732, *in-4.*

369 Traité de la Structure du Cœur, de fon Action & de fes Maladies, par Senac. *Paris*, 1749, 2 *vol. in-4. fig.*

370 Anatomie de la Tête, en tableaux imprimés en couleur, par M. Gautier. *Paris*, 1748, *in-fol. gr. pap.*

371 Traité d'Oftéologie, trad. de l'anglais de Monro, par M. Sue. *Paris*, 1759, *in-fol. m. fig.*

372 Cours abrégé d'Oftéologie, par Le Cat. *Rouen*, 1767, *in-8. v. m.*

373 Traité de la Couleur de la Peau humaine en général, de celle des Negres, &c. par le même. *Amft.* 1765, *in-8. v. éc.*

374 Œuvres de Chirurgie de M. Goulard. *Montpellier*, 1770, 2 *vol. in-12.*

375 Parallele de la Taille latérale de M. Le Cat avec celle du Lithotôme caché, avec deux Differtations par Cl. Nic. Le Cat; publié par Alex. P. Nahuys. *Amft.* 1766, *in-8. fig.*

376 Recherches & Obfervations fur les Dents & fur l'Art du Dentifte, par Bourdet. *Paris*, 1757, 2 *vol. in-12. d. fur tr.*

CHYMIE.

377 Dictionnaire univerfel des Drogues fimples, par Lemery. *Paris*, 1733, *in-4. fig.*

378 Le même Dictionnaire univerfel des Drogues fimples, par Lemery. *Paris*, 1759, *in-4. fig.*

379 Hiftoire générale des Drogues fimples & compofées, par Pomet. *Paris*, 1735, 2 *vol. in-4. fig.*

380 Chymie médicinale, par M. Malouin. *Paris*, 1755, 2 *vol. in-12.*

381 Elémens de Chymie théorique, par M. Macquer. *Paris*, 1756, 3 *vol. in-12.*

382 Leçons de Chymie, propres à perfectionner la Phyfique, le Commerce & les Arts; trad. de l'anglais de P. Shaw. *Paris*, 1759, *in-4.*

D

383 Elémens de Pharmacie théorique & pratique, par M. Baumé. *Paris*, 1762, *in-*8.

384 Mémoires de Chymie, par M. Sage. *Paris*, de *l'Imprimerie Royale*, 1773, *in-*8.

385 L'Art de faire & d'employer le Vernis, ou l'Art du Vernisseur, auquel on a joint ceux du Peintre & du Doreur, par le sieur Watin. (*Paris*), 1772, *in-*8. *br.*

M A T H É M A T I Q U E S.

386 Dictionnaire universel de Mathématique & de Physique, par M. Saverien. *Paris*, 1753, 2 *vol. in-*4.

387 Histoire des Progrès de l'Esprit humain dans les Sciences exactes & dans les Arts qui en dépendent, par M. Saverien. *Paris*, 1766, *in-*8. *v. m.*

388 Histoire des Mathématiques, par **M. Montucla**. *Paris*, 1758, 2 *vol. in-*4.

389 Elémens des Mathématiques, par le P. Lamy. *Paris*, 1738, *in-*12, *d. sur tr.*

390 Cours de Mathématique, par Belidor. *Paris*, 1725, *in-*4. *fig.*

391 Cours de Mathématique, par M. Camus. *Paris*, 1746, 4 *vol. in-*8. *fig. v. m. f. d.*

392 Récréations Mathématiques & Physiques, par Ozanam. *Paris*, 1741, 4 *vol. in-*8. *fig.*

393 Les mêmes, nouvelle édition. *Paris*, 1778, 4 *vol. in-*8. *fig. v. f. d. f. tr.*

394 Les mêmes. *Ibid.* 1778, 4 *vol. in-*8.

395 Nouvelles Récréations Physiques & Mathématiques, par M. Guyot. *Paris*, 1769, 4 *vol. in-*8. *fig. enlum. v. f.*

396 Représentation d'une Lunette astronomique & autres Instrumens de Mathématique, exécutés pour le Roi ; *in-fol.* *en cart.*

G É O M É T R I E.

397 Introduction à la Géométrie pratique, par Daudet. *Paris*, 1730, 3 *vol. in-*12.

398 Elémens de Géométrie, par Rivard. *Paris*, 1739, *in-*4. *fig.*

399 Institutions de Géométrie, par M. de la Chapelle. *Paris*, 1746, 2 *vol. in-*8. *fig. f. d. dor. sur tr.*

400 Elémens & Traité de Géométrie, par M. de Puisieux. *Paris*, 1765, *in-8. fig.*

401 Leçons de Géométrie, théorique & pratique, par M. Mauduit. *Paris*, 1773, *in-8. mar. r.*

402 Introduction aux Sections coniques, par le même. *Paris*, 1761, *in-8. v. f. d. f. tr.*

403 Les Sections coniques, & autres courbes anciennes traitées profondément, par M. Gallimard. *Paris*, 1752, *in-8.*

404 Les Elémens des Sections coniques démontrées par synthese. *Paris*, 1757, *in-8. v. f. d. f. tr.*

405 Réflexions sur la cause générale des Vents, par M. d'Alembert. *Paris*, 1747, *in-4.*

406 La Trigonométrie rectiligne & sphérique, où il est traité des Tables de Sinus, Tangentes, Secantes & Logarithmes, &c. par Ulac, édition corrigée & augmentée par Ozanam. *Paris*, 1720, *in-8. fig.*

407 Traité de Trigonométrie rectiligne & sphérique, par de Parcieux. *Paris*, 1741, *in-4. fig.*

408 Essai sur les probabilités de la durée de la Vie humaine, par de Parcieux. *Paris*, 1746, *in-4. mar. r.*

409 Calcul des Rentes viageres sur une & plusieurs têtes, par M. de Saint-Cyran. *Paris*, 1779, *in-4. v. m. f. d.*

410 Essai d'Analyse sur les Jeux de Hazard, par Rémond de Monmort. *Paris*, 1708, *in-4.*

411 Le même Essai d'Analyse sur les Jeux de Hazard, par le même. *Paris*, 1714, *in-4.*

412 Démonstration de la Quadrature du Cercle, par M. le Chevalier de Causans; 2 *vol. in-4. manusc. maroq. bl. dans une boite en mar. bl. avec des fermoirs d'or.*

ARITHMÉTIQUE.

413 L'Arithmétique pratique de l'Ingénieur & de l'Officier, par Clermont. *Paris*, 1733, *in-4. fig.*

ASTRONOMIE.

414 Hémisphere céleste en deux Cartes, avec la Description, par M. Robert de Vaugondy. *Paris*, 1764.

415 Ephémérides des Mouvemens célestes, pour les années 1715 jusqu'en 1775, par Desplaces & de la Caille. *Paris*, 1716 & ann. suiv. 6 vol. in-4. v. f. f. d.*

416 Essai sur la Théorie des Satellites de Jupiter, par M.
    Bailly. *Paris*, 1766, *in-4. fig.*
417 Théorie du Mouvement des Cometes, par Clairaut.
    Paris, 1760, *in-8. f. d.*
418 Principes d'Astronomie sphérique, ou Traité complet
    de Trigonométrie sphérique, par Mauduyt. *Paris*, 1765,
    in-8. v. f. d. fur tr.
419 Astronomie Nautique lunaire, par le Monnier. *Paris*,
    de l'Impr. Royale, 1771, *in-8.*
420 La Figure de la Terre déterminée par les observations
    de Messieurs de Maupertuis, Clairaut, Camus & Le Mon-
    nier. *Paris, de l'Imprim. Royale*, 1738, *in-8. v. f.*

MÉCHANIQUE.

421 Instrumentorum & Machinarum quas Jac. Bessonus ex-
    cogitavit Liber. 1569, *in-fol. fig.*
422 Le diverse & artificiose Machine di Agostino Ramelli.
    In Parigi, 1588, *in-fol. fig. v. f.*
423 Nouvelle Méchanique, par Varignon. *Paris*, 1725, 2
    vol. in-4. fig.
424 De la Manœuvre des Vaisseaux, ou Traité de Mécha-
    nique & de Dynamique, par Bouguer. *Paris*, 1757, *in-4.*
    fig. v. m.
425 Machines & Inventions approuvées par l'Académie
    Royale des Sciences, publiées par Gallon. *Paris*, 1735,
    6 *vol. in-4. fig. v. m.*
426 Gravures représentant les différentes Machines servant
    à la fabrication des Monnoies au balancier construites à
    Venise. *Parme*, 1755, *in-4. fig. v. éc.*
427 Description d'une Machine à feu construite pour les
    Salines de Castiglione, par Cambray. *Parme*, 1766, *in-4.*
    fig.
428 Pompes sans cuirs, de l'invention de M. Darles de Li-
    niere. *Paris*, 1778, *in-4. fig.*

HORLOGERIE.

429 Traité d'Horlogerie, par J. A. Le Paute. *Paris*, 1755,
    in-4. fig. v. m.
430 Le même Traité d'Horlogerie. *Ibid. in-4. gr. pap. fig.*
    mar. r.

431 Essai sur l'Horlogerie, par Ferdinand Berthout. *Paris*, 1763, 2 *vol. in-4. fig.*

MUSIQUE.

432 Démonstration du Principe d'Harmonie, par Rameau. *Paris*, 1750, *in-8.*

433 Code de Musique pratique, par Rameau. *Paris, de l'Imprim. Royale*, 1760, *in-4. mar. r.*

434 La Musique rendue sensible par la Méchanique, par **M.** Choquel. *Paris*, 1759, *in-8. mar. r.*

435 Dictionnaire Lyrique portatif, recueilli par M. Dubreuil. *Paris*, 1764, 2 *vol. in-8. v. m. gravé.*

436 L'Ami de la Maison, Comédie mise en musique par Gretry. *Paris, in-fol.*

437 L'Amoureux de quinze ans, Comédie, mise en musique par Martini; *in-fol.*

438 Annette & Lubin, Comédie mise en musique par Blaise; *in-fol.*

439 Les Aveux indiscrets, Intermede, par M. Monsigny; *in-fol.*

440 Baïocco & Serpilla, Parodie du Joueur, par Sody; *in-4.*

441 Bertholde à la Ville, Opéra comique. *Paris*, *in-fol.*

442 Blaise le Savetier, Opéra bouffon, mis en musique par Philidor. *In-4. mar. r.*

443 Le même Opéra; *in-4.*

444 La Bohémienne, Comédie, mêlée d'Ariettes, trad. de La Zingara; *in fol.*

445 Le Bûcheron, Comédie mise en musique par Philidor; *in-4.*

446 Le Cadi dupé, Opéra bouffon mis en musique par M. Monsigny. *Paris, in-fol.*

447 Le Déserteur, Drame, mis en musique par le même; *in-fol.*

448 Le Devin de Village, Intermede, par J. J. Rousseau; *in-4.*

449 Les deux Avares, Opéra bouffon, mis en musique par Grétry; *in-fol.*

450 Les deux Chasseurs & la Laitiere, Comédie mise en musique par Duny. *Paris*, *in-fol.*

451 Le Diable à quatre, Opéra comique; *in-fol.*

452 Le Docteur Sangrado , Opéra comique mis en musique par Duny & Laruette ; *in-fol.*

453 Le Faucon , Opéra comique , mis en musique par M. Monsigny ; *in* 4.

454 La Fée Urgele , Comédie , mise en musique par Duny. *Paris , in-fol.*

455 Gilles, Garçon Peintre , Parade , mise en musique par M. de la Borde ; *in-fol.*

456 Le Huron, Comédie, mise en musique par A. Grétry ; *in-4.*

457 Isabelle & Gertrude, Comédie , mise en musique par Blaise ; *in-fol.*

458 Lucile, Comédie, mise en musiqne par Grétry. *Paris , in-fol.*

459 Le Magnifique , Comédie , mise en musique par Grétry. *Paris , in-fol.*

460 Le Maître en droit , opéra bouffon, mis en musique par M. Monsigny ; *in-4.*

461 Le Maréchal , Opéra comique, par Philidor , *in-4.*

462 Nina & Lindor, Intermede , mis en musique par Duny ; *in-4.*

463 Ninette à la Cour , Comédie. *Paris, in-fol.*

464 On ne s'avise jamais de tout, Opéra bouffon, mis en musique par M. Monsigny ; *in-4.*

465 Le Peintre amoureux de son modele , Opéra comique , mis en musique par Duny. *Paris , in-fol.*

466 Rose & Colas , Comédie , mise en musique par M. Monsigny ; *in-fol.*

467 Le Roi & le Fermier , Comédie , mise en musique par le même. *Paris , in-fol.*

468 Les Sabots , Piece mise en musique par Duny. *Paris , in-fol.*

469 Sancho Pança, Opéra bouffon , mis en musique par Philidor ; *in-4.*

470 La Servante-Maitresse , Comédie , musique de Pergoleze. *Paris , in-fol.*

471 Silvain, Comédie, mise en musique par Grétry ; *in-fol.*

472 Le Sorcier , Comédie , mise en musique , avec les parties gravées séparément, par Philidor ; 2 *vol. in-4.*

473 Le Tableau parlant, Comédie parade , mise en musique par Grétry. *Paris , in-fol.*

474 Tom Jones, Comédie , mise en musique par Philidor ; *in-fol.*

475 Les Troqueurs, Intermede, par M. Dauvergne; *in-fol.*

476 Zémire & Azor, Comédie, mise en musique par Grétry. *Paris, in-fol.*

477 Journal hebdomadaire, ou Recueil d'Airs choisis dans les Opéras comiques. *Paris, 6 vol. in-8.*

478 Recueil de Chansons, par Albanese; *in-4.*

479 Stabat Mater de Pergolese. —— Messe des Morts de Gilles; *in-4. gravé.*

480 Sei Sinfonie a piu Strumenti da vari Autori. *Paris, 21 part. in-fol. gravées.*

481 Sonates pour le Clavecin, par Honaüer; *in-fol.*

482 Quatre Concertò pour le Clavecin, par de Wagenseil; *in-fol.*

483 Pieces de Clavecin, par M. Balbastre; *in-fol.*

484 Six Sonates en trio pour le Clavecin, par Filtz; *3 vol. in-fol.*

A R T S.

DICTIONNAIRES ET TRAITÉS GÉNÉRAUX DES ARTS LIBÉRAUX ET MÉCHANIQUES.

485 Dictionnaire raisonné des Sciences, des Arts & des Métiers, par une Société de Gens de Lettres, publié & mis en ordre par MM. Diderot & d'Alembert; avec le Supplément & les Tables. *Paris, Le Breton, 1751 & suiv. 35 vol. in-folio,* GRAND PAPIER, *veau fauve, doré sur tranche.*

486 Le même Livre, avec le Supplément & les Tables. *Paris, 1751, 35 vol. in-folio, reliés en 43 volumes.*

487 Le même Livre. *Geneve, 1779, 39 vol. in-4. brochés en carton.*

488 L'Esprit de l'Encyclopédie. *Paris, 1768, 5 vol. in-12. v. m. f. d.*

489 Les Arts & Métiers; *in-fol. 89 cahiers rel. en cart. avec dos en veau.*

490 Secrets concernant les Arts & métiers. *Bruxelles, 1766, 2 vol. in-12.*

491 Dictionnaire portatif des Arts & Métiers. *Paris, 1766, 2 vol. in-8.*

492 Bibliotheque des Artistes & des Amateurs, ou Tablettes Analytiques & Méthodiques sur les Sciences & les Beaux-Arts, par l'Abbé Petity. *Paris, 1766, 3 vol. in-4. fig.*

493 L'Erudition universelle, ou Analyse abrégée de toutes

les Sciences, des Beaux-Arts & des Belles-Lettres, par le Baron de Bielfeld. *Berlin*, 1768, 4 *vol. in-12. v. m. f. d.*

494 Notionnaire, ou Mémorial raisonné de ce qu'il y a d'utile & d'intéressant dans les connoissances acquises, par M. de Garsault. *Paris*, 1761, *in-8. fig.*

495 Dictionnaire portatif des Beaux-Arts, par M. Lacombe. *Paris*, 1753, *in-8. mar. r.*

496 Dictionnaire des Artistes. *Paris*, 1776, 2 *vol. in-8.*

497 Le Manuel des Artistes & des Amateurs. ou Dictionnaire historique & mythologique, par J. Raymond de Petity. *Paris*, 1770, 4 *vol. in-12.*

498 Dictionnaire de Chiffres & de Lettres ornées à l'usage de tous les Artistes, par Pouget. *Paris*, 1767, *in-4. fig. enlum. mar. r.*

499 L'Etat des Arts en Angleterre, par M. Rouquet. *Paris*, 1755, *in-12. mar. r.*

PEINTURE, SCULPTURE, GRAVURE, &c.

500 Dictionnaire pittoresque & historique, par M. Hebert. *Paris*, 1766, 2 *vol. in-12. mar. r.*

501 Discours prononcés dans les Conférences de l'Académie Royale de Peinture, par Coypel. *Paris*, 1721, *in-4.*

502 Discours sur la Peinture & sur l'Architecture, par M. du Perron. *Paris*, 1758, *in-8. v. éc.*

503 Essai sur la Peinture, la Sculpture & l'Architecture. *Paris*, 1751, *in-8. d. f. tr.*

504 Traité de Peinture, suivi d'un Essai sur la Sculpture, par Dandré-Bardon. *Paris*, 1765, 2 *tom. en 1 vol. in-12. mar. r.*

505 Mémoire sur la Peinture à l'encaustique & sur la Peinture en cire, par le Comte de Caylus & M. Majault, *fig.* —— L'Histoire & le Secret de la Peinture en cire. —— Lettre sur les Tableaux exposés au Louvre en 1765. —— Critique des Peintures & Sculptures de MM. de l'Académie Royale en 1765. —— La Peinture, Poëme. —— Caracteres des Peintres François actuellement vivans. —— Essai sur la Peinture, la Sculpture & l'Architecture, par Bachaumont. —— Observations sur la disposition de la nouvelle Eglise de Sainte Genevieve. —— Mémoires sur le Louvre. —— Epître sur la Colonne de l'Hôtel de Soissons.

Soiſſons. —— De ce qu'on ne fait pas, & de ce qu'on
pourroit faire, par de Voltaire. *Paris, in-8.*

506 La Cire alliée avec l'Huile, ou la Peinture à huile-cire,
trouvée à Manheim par le Baron de Taubenheim, miſe
au jour par le ſieur Fratrel. *Manheim,* 1770, *in-8. br.*

507 Obſervations hiſtoriques & critiques ſur les erreurs des
Peintres. *Paris,* 1771, 2 *vol. in-12. mar. r.*

508 Hiſtoire univerſelle, traitée relativement aux Arts de
peindre & de ſculpter, par Dandré-Bardon. *Paris,* 1769,
3 *vol. in-12. mar. r.*

509 La Science des Hiéroglyphes, Ouvrage utile aux Peintres, &c. *La Haye,* 1736, *in-4. fig.*

510 Dictionnaire des Monogrammes, Chiffres, Lettres initiales, &c. ſous leſquels les plus célebres Peintres, Gra-
veurs, &c. ont deſſiné leurs noms, trad. de l'allemand
de M. Chriſt. *Paris,* 1750, *in-8.*

511 L'Art d'imprimer les Tableaux, par de Montdorge.
Paris, 1756, *in-8. fig. mar. r.*

512 Pitture ſcelte e dichiarate da Carla Caterina Patina. *In
Colonia,* 1691, *in-fol. fig.*

513 Picturæ antiquæ Cryptarum Romanarum, & Sepulcri
Naſonum, delineatæ à Petro Sancti Bartholi ; deſcriptæ &
illuſtratæ à Jo. Petro Belloro & Mich. Angelo Cauſſeo.
Romæ, 1738, *in-fol. fig.*

514 Le Pitture antiche d'Ercolano. *Napoli,* 1757, *in-fol.
tom. 1º.*

515 Voyage pittoreſque d'Italie, par M. Cochin. *Paris,*
1756, 2 *vol. in-4. mar. r.*

516 Voyage pittoreſque de Paris, ou Deſcription de tout ce
qu'il y a de plus beau dans cette grande Ville, (par M.
Deſalliers d'Argenville). *Paris,* 1770, *in-12. fig.*

517 Voyage pittoreſque de la Flandre & du Brabant, par
J. B. Deſcamps. *Paris,* 1769, *in-8. fig. mar. r.*

518 Catalogue raiſonné des Tableaux du Roi, avec un
Abrégé de la Vie des Peintres, par Lépicié. *Paris, Impr.
Royale,* 1752, 2 *vol. in-4. gr. pap. mar. r.*

519 Catalogue hiſtorique du Cabinet de Peinture & de
Sculpture de M. de Lalive, avec les prix. *Paris,* 1764,
in-4. mar. r.

520 Catalogue raiſonné des Tableaux, Deſſins & Eſtampes,
& autres Effets curieux de M. de Jullienne, par P. Remy ;
avec celui des Porcelaines, Meubles de Boule, Bijoux,
par Julliot. *Paris,* 1767, 2 *vol. in-12. v. f. d. ſ. tr.*

E

521 Catalogue raiſonné des Tableaux, Grouppes & Figures de bronze qui compoſent le Cabinet de M. Gaignat, par P. Remy ; & celui des Porcelaines, Meubles précieux, Bijoux, &c. par Poirier. *Paris*, 1768, *in-*12. *v. f. d. ſ. tr.*

522 Catalogue des Tableaux qui compoſent le Cabinet de Monſeigneur le Duc de Choiſeul, par J. F. Boileau. *Paris*, 1772, *in-*8. *v. f. d. ſ. tr.*

523 Catalogue de Tableaux précieux, Miniatures, Figures, Buſtes, Vaſes, &c. qui compoſent le Cabinet de M. Blondel de Gagny, par P. Remy. *Paris*, 1776, *in-*12. *v. f. d. ſ. tr.*

524 Catalogue d'une riche Collection de Tableaux des Maîtres les plus célebres des trois Écoles, Deſſins des plus grands Maîtres, Bronzes, Marbres, Pierres gravées, &c. qui compoſent le Cabinet de S. A. S. Monſeigneur le Prince de Conti, par P. Remy. *Paris*, 1777, 2 *vol. in-*12. *v. f. d. ſ. tr.*

525 Catalogue des Tableaux & Deſſins précieux des Maîtres célebres des trois Ecoles, Figures de marbre, de bronze, Eſtampes & autres Objets du Cabinet de M. Randon de Boiſſet, par P. Remy ; avec le Catalogue des Vaſes, Porcelaines, Meubles de Boule, &c. par Julliot. *Paris*, 1777, *in-*12. *v. f. d. ſ. tr.*

526 Catalogue d'une très-belle Collection de Tableaux de feu M. l'Abbé Terray, Miniſtre d'Etat, par M. Joullain fils. *Paris*, 1778, *in-*8.

527 Catalogue raiſonné des Tableaux, Deſſins, Eſtampes, Figures de bronze & de marbre, & Morceaux d'Hiſtoire-naturelle, qui compoſent le Cabinet de M. Poullain ; par J. B. P. Le Brun : avec le Catalogue des Vaſes, Porcelaines, Meubles de Boule, &c. par Julliot. *Paris*, 1780, *in-*8. *v. &c.*

N. B. *Ces huit Numéros, qui ſeront vendus enſemble, ſont reliés avec du papier blanc entre chaque feuillet, ſur lequel on a écrit le Numéro du Tableau, le prix, le nom de l'Acquéreur, & des anecdotes concernant les Tableaux ; le tout très-proprement exécuté par le ſieur Penvern, Maître à écrire.*

528 Le Deſſinateur pour les Fabriques d'Etoffes d'or, d'argent & de ſoie ; par M. Joubert de l'Hiberderie. *Paris*, 1765, *in-*8. *mar. r.*

529 Varie Acconciature di teste usate da nobilissime Dame d'Italia; *in-4. fig.*

530 Nations du Levant ; par M. de Feriol : *in-fol.*

531 Mémoire sur les Marbres ; *in-fol. manusc.*

532 Catalogue de l'Œuvre de Ch. Nic. Cochin fils, par Ch. Ant. Jombert. *Paris*, 1770, *in-8. v. f. d. f. tr.*

ARCHITECTURE.

533 Dictionnaire d'Architecture Civile, Militaire & Navale ; par Roland le Virloys. *Paris*, 1770, 4 *vol. in-4. fig. v. éc. d. f. tr.*

534 Des Principes de l'Architecture, de la Sculpture & de la Peinture, avec un Dictionnaire des termes de ces Arts, par André Félibien. *Paris*, 1690, *in-4. fig.*

535 Les dix Livres d'Architecture de Vitruve, trad. avec des notes par Cl. Perrault. *Paris*, 1773, *in-fol. fig. v. éc.*

536 Architettura di M. Vitruvio Pollione, colla traduzione italiana e comento di Berardo Galiani. *In Napoli*, 1758, *in-fol. fig.*

537 Regle des cinq Ordres d'Architecture de J. Barozzio de Vignole. *Paris*, *in-fol. br.*

538 Cours d'Architecture de Vignole, par A. C. Daviler. *Paris*, 1720, 2 *vol. in-4. fig. v. éc.*

539 Cours d'Architecture, par Daviler. *Paris*, 1750, *in-4. fig.*

540 Architettura Civile del Padre D. Guarino. *In Torino*, 1737, *in-fol. fig.*

541 Architecture pratique de Bullet. *Paris*, 1774, *in-8.*

542 Architecture de Boffrand, en latin & en français ; avec la description de ce qui a été pratiqué pour fondre en bronze la figure équestre de Louis XIV. *Paris*, 1745, *in-fol. fig.*

543 Architecture Françoise, par Jacq. Fr. Blondel. *Paris*, 1752, 4 *vol. in-fol. fig. gr. pap. mar. r.*

544 Œuvres d'Architecture de M. Dumont ; 4 *vol. in-fol.*

545 Œuvres d'Architecture de Marie-Joseph Peyre. *Paris*, 1765, *in-fol. v. m.*

546 Nouveau Traité d'Architecture, par Ch. Dupuis. *Paris*, 1768, *in-4. fig. v. m. f. d.*

547 Cours d'Architecture, par J. F. Blondel. *Paris*, 1771, 6 *vol. in-8. fig.*

548 L'Homme du monde, éclairé par les Arts, par M.

Blondel, publié par M. de Baftide. *Amft.* (*Paris*), 1774;
2 *vol. in-8. brochés.*

549 Traité des Ordres d'Architecture, par M. Potain. *Pa-*
ris, 1767, in-4. fig. mar. r.

550 Mémoires fur les Objets les plus importans de l'Architecture, par M. Patte. *Paris, 1769, in-4. fig. mar. bl.*
dent.

551 Etudes d'Architecture, par le même; premiere fuite.
Paris, in-4. gr. pap. br.

552 Monumens érigés en France à la gloire de Louis XV,
par le même. *Paris, 1765, in-fol. fig.*

553 Effai fur l'Architecture, par l'Abbé Laugier. *Paris,*
1753, *in-8.*

554 Obfervations fur l'Architecture, par l'Abbé Laugier.
Paris, 1765, in-12. v. éc.

555 Examen d'un Effai fur l'Architecture. *Paris, 1753.* ——
Difcours fur la néceffité de l'étude de l'Architecture, par
Blondel. *Paris, 1754, in-12.*

556 Hiftoire de la difpofition & des formes différentes que
les Chrétiens ont données à leurs Temples depuis le regne
de Conftantin, par M. Le Roy. *Paris, 1764, in-8. fig.*
mar. r.

557 Détails des plus intéreffantes parties d'Architecture de
la Bafilique de Saint Pierre de Rome, levés & deffinés
fur le lieu par Gabr. Martin Dumont. *Paris, 1763, in-fol.*
gr. pap.

558 Memorie iftoriche della gran Cupola del Tempio Vati-
cano. *In Padova, 1748, in-fol. fig. v. f. d. f. tr.*

559 Infignium Romæ Templorum Profpectus, à Jo. Jac. de
Rubeis editi. *Romæ, 1684, in-fol. c. m. fig. v. f.*

560 Recherches fur la préparation que les Romains donnoient
à la chaux & au mortier dont ils fe fervoient pour leurs
conftructions, par M. de la Faye. *Paris, de l'Imprimerie*
Royale, 1777, in-8. v. f. doré fur tr.

561 Mémoire fur une découverte dans l'Art de bâtir, par
Loriot. *Paris, 1774, in-8. m. r.*

562 Mémoires de Charles Perrault, de l'Académie Françoife, & premier Commis des Bâtimens du Roi. *Avignon,*
(*Paris*) 1759, *in-12.*

563 Projet des Embelliffemens de la Ville de Paris, par
M. Poncet de la Grave. *Paris, 1756, 3 vol. in-12. v. éc.*

564 Les Délices de Patis & de ses Environs, en deux cent dix planches, dessinées & gravées pour la plus grande partie par Perelle. *Paris*, 1753, *in-fol.*

565 Les Délices de Versailles & des Maisons Royales, en deux cents planches, dessinées & gravées pour la plupart par Perelle ; avec une courte description par Ch. Ant. Jombert. *Paris*, 1766, *in-fol.*

566 Recueil des Plans, Coupes & Elévations du nouvel Hôtel-de-Ville de Rouen; par Matthieu Le Carpentier. *Paris*, 1758, *in-fol. v. f.*

567 Description de Chambord, par le sieur Le Rouge. *Paris*, 1750, *in-fol. gr. pap. fig. mar. r.*

568 Compte général de la dépense des Edifices & Bâtimens que le Roi de Pologne a fait construire pour l'embellissement de la Ville de Nancy. *Lunéville*, 1759, *in-fol. fig.*

569 Plans, Coupes & Elévations de l'Eglise Royale de Frédéric V à Copenhague, par M. Jardin. 1765, *in-fol. v. m.*

570 Les Loix des Bâtimens, suivant la Coutume de Paris, par Desgodets ; avec les notes de Goupy. *Paris*, 1777, *in-8. v. f.*

571 Toisé général du Bâtiment, par M. Ginet. *Paris*, 1780, *in-8. fig.*

ARCHITECTURE HYDRAULIQUE.

572 Traité Elémentaire d'Hydrodinamique, par M. l'Abbé Bossut. *Paris*, 1771, 2 vol. *in-8. v. éc. fig.*

573 Recherches sur la construction la plus avantageuse des Digues, par M. l'Abbé Bossut & M. Viallet. *Paris*, 1764, *in-4. fig.*

574 Recueil des Travaux des Plaines du Perray, Trapes & Saclay, pour les Eaux de Versailles, Trianon & la Ménagerie; par le sieur Dubois : *in-4. manusc. avec des dessins lavés, mar. r.*

575 Mémoire sur la possibilité d'amener à Paris la Riviere d'Yvette, par Ant. de Parcieux. *Paris*, *de l'Imprimerie Royale*, 1764, *in-4. fig.*

576 Le même, avec des Additions & un Mémoire de M. Perronet sur le même objet. *Paris*, 1776, *in-4. v. f.*

577 Description du nouveau Pont de pierre construit sur la Riviere d'Allier à Moulins, par M. de Régemortes. *Paris*, 1771, *in-fol. fig. v. m. gr. pap.*

ART MILITAIRE.

578 Etude Militaire, par M. le Baron de Traverse. *Basle*, 1755, 2 *vol. in-12. fig.*

579 Mes Rêveries; Ouvrage posthume de Maurice Comte de Saxe, Maréchal de France : augmenté d'une Histoire de sa Vie & de différentes Pieces, (par l'Abbé Pérau.) *Paris*, 1757, 2 *vol. in-4. fig. enlum.*

580 Exercice de l'Infanterie Française. *Paris*, 1759, *in-8. fig.*

581 Institutions Militaires pour la Cavalerie & les Dragons, par M. de La Poterie. *Paris*, 1754, *in-8. fig.*

582 Traité sur la Cavalerie, par M. le Comte Drummond de Melfort. *Paris*, 1776, *in-fol. gr. pap. fig. v. m. f. d.*

583 Détails Militaires, par de Chennevieres. *Paris*, 1750, 4 *vol. in-12.*

584 Elémens de Fortification, par Trincano. *Paris*, 1768, *in-8. fig. doré sur tr.*

585 État du Militaire de France. 1757, *in-8. manusc. mar. bl.*

586 État des Troupes d'Allemagne en 1730; 2 *vol. in-4.* & un *vol. in-fol. manusc.*

587 Marine Militaire, par Ozanne. *Paris, in-4. fig. mar. r.*

ART PYROTECHNIQUE.

588 L'Art de convertir le fer forgé en acier, par de Réaumur. *Paris*, 1722, *in-4. fig. v. m.*

589 Description des Travaux qui ont précédé, accompagné & suivi la fonte en bronze d'un seul jet de la Statue équestre de Louis XV, dressée sur les Mémoires de M. Lempereur, par Mariette. *Paris*, 1768, *in-fol. max. fig. br. en cart.*

ART GYMNASTIQUE, *où il est traité du maniement des Armes, des Chevaux, de la Chasse, de la Pêche, &c.*

590 Ecole de Cavalerie, par de la Gueriniere. *Paris*, 1733, *in-fol. fig. v. m. doré sur tr.*

591 La même Ecole de Cavalerie. *Paris*, 1736, 2 *vol. in-8. fig.*

592 Les Ruses du Braconage mises à découvert, ou M.

moires & Inftructions fur la Chaffe & le Braconage, par
La Bruyere. *Paris*, 1771, *in-12. broch.*

593 Aviceptologie Françoife, ou Traité général de toutes
les Rufes dont on peut fe fervir pour prendre les Oifeaux qui
fe trouvent en France ; par M. B***. *Paris*, 1778, *in-12.*
figures, broch.

BELLES-LETTRES.

GRAMMAIRE.

PRINCIPES ET TRAITÉS GÉNÉRAUX ET RAISONNÉS
DE LA GRAMMAIRE.

594 PRINCIPES de la Littérature, par l'Abbé Le Batteux.
Paris, 1764, 4 *vol. in-12.*

595 Les Beaux-Arts réduits à un même principe, par le
même. *Paris*, 1747, *in-12. d. f. tr.*

Grammaires & Dictionnaires des Langues Grecque & Latine.

596 Benj. Hederici Græcum Lexicon manuale, auctum curâ
Jo. Aug. Ernefti, à T. Morell recenfitum & auctum. *Lon-*
dini, 1766, *in-4.*

597 Idem Lexicon Græcum Hederici. *Ibid.* 1766, *in-4.*

598 Rob. Stephani Thefaurus Linguæ Latinæ, ex recenfione
& cum animadverfionibus Ant. Birrii. *Bafileæ*, 1740, 4
vol. in-fol. v. éc.

599 Idem Thefaurus Stephani. *Ibid.* 4 *vol. in-fol.*

600 Novitius, feu Dictionarium Latino-gallicum, auctore
Magnez. *Parifiis*, 1721, *in-4.*

601 Idem Novitius. *Parifiis*, 1750, 2 *vol. in-4.*

602 Gloffarium ad Scriptores mediæ & infimæ Latinitatis,
auctore C. Ducange ; editio nova, operâ & ftudio Mo-
nachorum Ordinis Sancti Benedicti. *Parifiis*, 1733, 6 *vol.*
in-fol.

603 Gloffarium novum ad Scriptores medii ævi, cùm Lati-
nos, tùm Gallicos ; feu Supplementum ad auctiorem Glof-
farii Cangiani editionem : auctore Carpentier. *Parifiis*,
1766, 4 *vol. in-folio.*

Grammaires & Dictionnaires de la Langue Françoise.

604 Traité de l'Orthographe Françoise en forme de Dictionnaire, par Reftaut. *Poitiers*, 1770, *in-8*.

605 Synonymes François, par l'Abbé Girard. *Paris*, 1741, *in-12.*

606 Les mêmes Synonymes François, par l'Abbé Girard; nouvelle édition, augmentée & mife dans un nouvel ordre avec des notes par M. Beauzée. *Paris*, 1769, 2 *vol. in-12.*

607 Dictionnaire des Synonymes François. *Paris*, 1767, *in-8.*

608 Dictionnaire des Rimes, par P. Richelet. *Paris*, 1751, *in-8.*

609 Le même. *Paris*, 1762, *in-8.*

610 Dictionnaire Grammatical de la Langue Françoise. *Paris*, 1768, 2 *vol. in 8.*

611 Dictionnaire du vieux Langage François, par M. Lacombe. *Paris*, 1766, *in-8. v. éc.*

612 Dictionnaire Etymologique de la Langue Françoise, par Ménage. *Paris*, 1750, 2 *vol. in-folio.*

613 Dictionnaire univerfel, contenant tous les Mots François, tant vieux que modernes, & les termes de toutes les Sciences & des Arts ; par Furetiere. *La Haye*, 1690, 3 *vol. in-folio.*

614 Dictionnaire univerfel François & Latin, par le P. Le Brun. *Rouen*, 1760, *in-4.*

615 Le même. *Ibid.*, 1760, *in-4.*

616 Dictionnaire univerfel François & Latin, vulgairement appellé Dictionnaire de Trévoux, avec le Supplément. *Paris*, 1752, 8 *vol. in-folio.*

617 Le même. *Paris*, 1752, 8 *vol. in-folio.*

618 Dictionnaire de la Langue Françoise ancienne & moderne; par Pierre Richelet. *Paris*, 1759, 3 *vol. in-fol.*

619 Dictionnaire de l'Académie Françoise. *Paris*, 1762, 2 *vol. in-fol.*

620 Le même Dictionnaire de l'Académie Françoise. *Paris*, 1762, 2 *vol, in-fol. mar. r.*

621 Dictionnaire comique, fatyrique, critique, burlefque, libre & proverbial, par Le Roux. *Amft.* 1750, *in-8. gr. pap. mar. r.*

Grammaires & Dictionnaires de la Langue Italienne.

622 Ortografia moderna ad uso di tutte le Scuole d'Italia. *In Venezia*, 1742, *in-4.*
623 I Quattro Libri delle Offervationi di Lodovico Dolce. — Le Profe di Pietro Bembo. *In Vinegia*, 1563, *in-12.*
624 I quattro Libri delle Offervationi di Lodovico Dolce. *In Vinegia*, 1580, *in-8. vél.*
625 Vocabolario de gli Accademici della Crufca. *In Venezia*, 1741, 5 *vol. in-4.*
626 Vocabolario de gli Accademici della Crufca. *In Napoli*, 1746, 6 *tom. en* 5 *vol. in-fol.*
627 Voci Italiane d'Autori approvati dalla Crufca, nel Vocabolario d'effa non regiftrate. *In Venezia*, 1745, *in-4.*
628 Dictionnaire Italien, Latin & François, par Antonini. *Paris*, 1743, 2 *vol. in-4.*
629 Dictionnaire Italien, Latin & François, par l'Abbé Antonini. *Venife*, 1745, 2 *vol. in-4.*

RHÉTORIQUE.

TRAITÉS GÉNÉRAUX DE LA RHÉTORIQUE, OU DE L'ART ORATOIRE.

630 Dionyfii Longini de Sublimitate Commentarius gr. cum novâ verfione & notis Zach. Pearce. *Londini, Tonfon*, 1724, *in-4. c. m. v. f.*
631 Dionyfii Longini de Sublimi Libellus græcè confcriptus; latino, italico & gallico fermone redditus: cum annotat. *Veronæ*, 1733, *in-4.*
632 Quintilien, de l'Inftitution de l'Orateur, trad. par Gedoyn. *Paris*, 1718, *in-4.*

RHÉTEURS ET ORATEURS ANCIENS ET MODERNES.

Rhéteurs & Orateurs Grecs & Latins.

633 Œuvres complettes de Démofthene & d'Efchine, trad. en fr. avec des remarques & notes critiques par M. l'Abbé Auger. *Paris*, 1777, 5 *vol in-8. v. f. d.*
634 Œuvres de Jacques de Tourreil. *Paris*, 1721, 2 *vol. in-4.*

F

635 Les mêmes. *Ibid.* 2 *vol. in-*4.

636 Philippiques de Démofthene, & Catilinaires de Cicéron, trad. par l'Abbé d'Olivet. *Paris*, 1765, *in-*12.

637 Œuvres d'Ifocrate, trad. en fr. par M. l'Abbé Auger. *Paris*, 1781, 3 *vol. in-*8. *v. f. d. f. tr.*

638 M. T. Ciceronis Opera. *Lugd. Batav. ex Officinâ Elzevirianâ*, 1642, 10 *vol. in-*12. *mar. r.*

639 M. T. Ciceronis Opera, emendata ftudio Jani Gul. & Jani Gruteri, cum notis, & à Jac. Gronovio recognita. *Lugd. Batav. vander Aa*, 1692, 2 *vol. in-*4. *mar. r.*

640 M. T. Ciceronis Opera, cum delectu Commentariorum, edebat Jof. Olivetus. *Genevæ*, 1758, 9 *vol. in-*4. *v. ic. f. d.*

641 M. T. Ciceronis Opera, recenfuit J. N. Lallemand. *Parifiis, Barbou*, 1768, 14 *vol. in-*12. *v. ic. f. d.*

642 M. T. Ciceronis ad familiares Epiftolæ; interpret. & notis illuftravit Philibertus Quartier, ad ufum Delphini. *Parifiis*, 1685, *in-*4.

643 M. T. Ciceronis Cato major. *Lutetiæ, Barbou*, 1758, *in-*24. *mar. bl.*

644 M. T. Ciceronis de Amicitiâ Dialogus. *Lutetiæ, Barbou*, 1771, *in-*24. *mar. r.*

645 Les Livres de Cicéron de la Vieilleffe, de l'Amitié, les Paradoxes, le Songe de Scipion, trad. par M. Debarrett. *Paris*, 1768, *in-*12.

646 Penfées de Cicéron, trad. par l'Abbé d'Olivet. *Paris*, 1744, *in-*12.

Orateurs François.

647 Oraifons funebres de J. B. Boffuet. *Paris*, 1762, *in-*12.

648 Oraifons funebres d'Efprit Fléchier. *Paris*, 1760, *in-*12.

649 Oraifons funebres de J. B. Maffillon. *Paris*, 1764, *in-*12.

650 Recueil d'Oraifons funebres, & Defcriptions de Catafalques. *Paris, in-*4. *fig. v. m.*

651 Œuvres de M. Thomas, de l'Académie Françoife. *Paris*, 1773, 4 *vol. in-*12.

652 Les mêmes; 4 *vol. in-*8. *papier d'Hollande; mar. rouge.*

653 Eloges de Charles V, de Moliere, de Corneille, de l'Abbé de la Caille & de Léibnitz, avec des notes. *Paris*, 1770, *in-*8. *v. m.*

654 Eloge de Colbert, par M. Necker. *Paris*, 1773, *in-*8. *mar. r.*

INTRODUCTION A LA POÉSIE, OU TRAITÉS GÉNÉRAUX ET PARTICULIERS DE POÉTIQUE.

655 Poétique de Voltaire. *Paris*, 1766, *in-8. v. f.*

656 Poétique Françoise, par M. Marmontel. *Paris*, 1763, 3 *vol. in-8. en cart.*

657 Connoissance des Poëtes les plus célébres de l'Antiquité. *Paris*, 1752, 2 *vol. in-12.*

POETES ANCIENS GRECS ET LATINS.

Collections & extraits des Poëtes Grecs.

658 Sententiosa Poëtarum veterum quæ supersunt Opera, Theognidis, Phocylidis, &c. gr. & lat. *Parisiis, Morelius*, 1553, *in-4.*

659 Anacréon, Sapho, Bion & Moschus, Traduction nouvelle, suivie de la Veillée des Fêtes de Vénus, par M. Montonet de Clairfons. *Paris*, 1773, *in-4. v. éc. d. f. tr.*

660 Le Théâtre des Grecs, par le P. Brumoy. *Paris*, 1730, 3 *vol. in-4. gr. pap. v. m.*

661 Théâtre des Grecs, par le même. *Paris*, 1763, 6 *vol. in-12. f. d.*

662 Le même Livre. *Paris*, 1763, 6 *vol. in-12.*

Ouvrages des Poëtes Grecs.

663 Homeri Opera gr. & lat. ex editione & cum annotat. Sam. Clarke. *Londini*, 1754, 4 *vol. in-4.*

664 Porphyrius, de Antro Nympharum, gr. cum lat. L. Holstenii versione, & animadversionibus van Goens. *Trajecti ad Rhenum*, 1765, *in-4. v. f.*

665 Les dix premiers Livres de l'Iliade d'Homere, trad. en vers franç. par Hugues Salel. *Paris*, 1545, *in-fol. l. r. v. f. d. f. tr.*

666 L'Iliade & l'Odyssée d'Homere, trad. du grec en françois avec des remarques, par Madame Dacier. *Paris*, 1756, 8 *vol. in-12.*

667 Les Œuvres de Pindare, trad. du grec par F. Marin. *Paris*, 1617, *in-8. v. m.*

668 Anacreontis Odæ & Fragmenta, gr. & lat. cum notis
Jo. Cornelii de Pauw. *Trajecti ad Rhenum*, 1732, *in-4.*

669 Les Poésies d'Anacréon & de Sapho, trad. avec des remarques par Madame Dacier. *Amst.* 1716, *in-8. f. d.*

670 Callimachi Hymni & Epigrammata, cum notis varior.
quibus accedunt Ezech. Spanhemii Commentarius & Notæ,
ex recensione & cum notis Jo. Augusti Ernesti. *Lugd.
Batav.* 1761, 2 *vol. in-8. v. éc. f. d.*

671 Théâtre de Sophocle, par M. Dupuy. *Paris*, 1773,
in-4. gr. pap. v. f.

672 Aristophanis Comœdiæ undecim gr. & lat. cum Scholiis antiquis & notis varior. ex recensione & cum notis
Ludolfi Kusteri. *Amst.* 1710, *in-fol.*

Collections & extraits des Poëtes Latins.

673 Poëtæ Latini minores, cum notis varior. curante Petro
Burmanno. *Leidæ*, 1731, 2 *tom. en un vol. in-4. v. éc.
dent.*

674 Collection d'Auteurs Latins imprimés par Brindley ;
savoir, Lucretius, Terentius, Horatius, Virgilius, Catullus, Tibullus & Propertius, Phædrus, Ovidius, Juvenalis & Persius, Lucanus, Julius Cæsar, Sallustius, Cornelius Nepos & Q. Curtius. *Londini*, 1749, 20 *vol. in-16.
v. éc. d. f. tr.*

Ouvrages des Poëtes Latins anciens.

675 T. Lucretii Cari de Rerum Naturâ Libri vi. *Parisiis*,
Barbou, 1754, *in-12. fig. v. m. d. f. tr.*

676 T. Lucretii Cari de Rerum Naturâ Libri sex. *Birminghamiæ*, *Baskerville*, 1772, *in-4. mar. r.*

677 Les Œuvres de Lucrece, trad. en françois avec des
remarques par le Baron de Coutures. *Paris*, 1692, 2 *vol.
in-12. v. f.*

678 Traduction libre de Lucrece, (par M. Panckoucke.)
Amst. (*Paris*), 1768, 2 *vol. in-12.*

679 Lucrece, Traduction nouvelle, avec des notes par La
Grange. *Paris*, 1768, 2 *vol. in-8. gr. pap. fig. mar. r.*

680 Di T. Lucrezio Caro della Natura delle Cose Libri sei,
tradotti dal latino da Alessl. Marchetti. *In Amst.* (*Parigi*)
1754, 2 *vol. in-8. fig. mar. r.*

681 M. A. Plauti Comœdiæ & Fragmenta, interpretatione,

notis & indice illuftravit Jac. Operarius, ad ufum Delphini. *Parifiis*, 1679, 2 *vol. in-*4. *v. f.*

682 M. A. Plauti Comœdiæ, cum notis varior. ex recenfione J. Fred. Gronovii. *Amft.* 1684, 2 *vol. in-*8.

683 M. Accii Plauti Comœdiæ quæ fuperfunt. *Parifiis*, *Barbou*, 1759, 3 *vol. in-*12. *v. m. d. f. tr.*

684 Comédies de Plaute, trad. par Mademoifelle le Fevre, avec des remarques. *Paris*, 1683, 2 *vol. in-*12. *v. f.*

685 Les Œuvres de Plaute en latin & en françois, avec des remarques par H. P. de Limiers. *Amft.* 1719, 10 *vol. in-*12. *fig. v. m.*

686 Terentii Comœdiæ; *très-beau manufcrit du quatorzieme fiecle fur vélin, avec les lettres initiales peintes en or :* petit *in-folio.*

687 P. Terentii Comœdiæ fex, ex recenfione Heinfianâ. *Lugd. Batav. ex Officinâ Elzevirianâ*, 1635, *in-*12. *mar. citr.*

688 P. Terentii Comœdiæ, italicis verfibus redditæ, cum perfonarum figuris æri incifis. *Urbini*, 1736, *in-fol. v. éc.*

689 Eadem Terentii Comœdiæ. *Ibid. in-fol.*

690 P. Terentii Afri Comœdiæ. *Birminghamiæ*, *Baskerville*, 1772, *in-*4. *mar. r.*

691 Idem Terentius, Typis Jo. Baskerville. 1772, *in-*4. *mar. r.*

692 Les Comédies de Térence, Traduction nouvelle, avec le texte latin à côté, & des notes par M. l'Abbé Le Monnier. *Paris*, 1771, 3 *vol. in-*8. *fig. pap. d'Holl. mar. r.*

693 Les mêmes. *Paris*, 1771, 3 *vol. in-*8. *fig. pap. d'Holl. v. f. f. d.*

694 Catullus, Tibullus & Propertius. *Parifiis*, *Barbou*, 1754, *in-*12. *v. m. d. f. tr.*

695 Eadem Catulli, Tibulli & Propertii Opera. *Typis Jo. Baskerville*, 1772, *in-*4. *mar. r.*

696 Catulli, Tibulli & Propertii Opera. *Birminghamiæ*, *Baskerville*, 1772, *in-*4. *mar. r.*

697 P. Virgilii Maronis Opera. *Lugd. Batav. ex Officinâ Elzevirianâ*, 1636, *en-*12. *l. r. m. r.*

698 P. Virgilii Maronis Opera, interpretatione & notis illuftravit Car. Ruæus ad ufum Delphini. *Parifiis*, 1682, *in-*4. *v. f. d. f. tr.*

699 P. Virgilii Maronis Opera; curis & ftudio Steph. Andreæ Philippe. *Parifiis*, *Barbou*, 1754, 3 *vol. in-*12. *fig. v. m. d. f. tr.*

700 P. Virgilii Maronis Opera. *Edimburgi*, 1755, 2 vol.
in-8. p. *f v. f.*

701 Ejusdem Virgilii Opera. *Birminghamiæ , Baskerville ;*
1757, *in-4. mar. r. prima edit.*

702 Eadem Virgilii Opera. *Typis Jo. Baskerville* , 1757 ;
in 4. m. r.

703 Eadem P. Virgilii Maronis Opera, ex Cod. Mediceo
Laurentiano descripta , ab Ant. Ambrogi italico versu red-
dita , adnot. atque variant. lectionibus & antiquissimi Co-
dicis Vaticani Picturis pluribusque aliis vet. Monumentis
ære incisis illustrata. *Romæ* , 1763 , 3 *vol. in-fol. v. ec.*

704 Les Œuvres de Virgile , trad. en françois , le texte
vis à vis la traduction , avec des remarques par l'Abbé
des Fontaines. *Paris* , 1743 , 4 *vol. in-8. fig. v. f. d. j. tr.*

705 Les mêmes Œuvres de Virgile, trad. en françois , le
texte vis à-vis la traduction , avec des remarques , par
l'Abbé des Fontaines. *Paris* , 1770 , 4 *vol. in-12. v. f. f. d.*

706 Œuvres de Virgile, en latin & en françois , Traduction
nouvelle, (par Lallemant.) *Paris* , 1751 , 4 *vol. in-12.
f. d.*

707 Les Géorgiques de Virgile , traduction nouvelle en vers
françois , avec des notes , par M. Delille. *Paris* , 1770 ,
in-8. fig. pap. d'Holl. v. m. f. d.

708 L'Eneide di Virgilio del Commendatore Annibal Caro.
In Verona , 1728 , *in-4.*

709 Virgile travesti en vers burlesques de Scarron. *Paris* ;
1752 , 3 *vol. in-12.*

710 Q. Horatius Flaccus , ex emendatione Dan. Heinsii.
Lugd. Batav. ex Officinâ Elzevirianâ , 1618 , *in-12. mar.
r. l. r.*

711 Idem Horatius Heinsii. *Amst.* 1630 , *in-16. mar. n.*
fermoirs d'argent.

712 Q. Horatius Flaccus , cum Commentariis varior. &
Scholiis Jo. Bond , accurante Corn. Schrevelio. *Lugd.
Batav.* 1663 , *in-8. v. ec. f. d.*

713 Idem Horatius , operâ Dion. Lambini emendatus ,
cum Commentariis. *Lutetiæ , Macæus* , 1668 , *in-fol. v. f.
d. f. tr.*

714 Idem Horatius , cum varior. Commentariis & Scholiis Jo. Bond , accurante Corn. Schrevelio. *Lugd. Batav.* 1668 , 2 *vol. in-8. v. f. f. d.*

715 Q. Horatii Flacci Opera. *Londini* , *æneis tabulis incidit
Jo. Pine* , 1733 , 2 *vol. in-8. mar. r.*

716 Ejufdem Horatii Eclogæ, unà cum Scholiis perpetuis, tam veter. quàm novif. Will. Baxter textum reftituit ex edit. Jo. Matth. Gefneri. *Lipfiæ*, 1752, *in-*8. *vél.*

717 Ejufdem Horatii Flacci Carmina. *Parifiis*, *Barbou*, 1763, *in-*12. *v. m. d. f. tr.*

718 Eadem Horatii Poëmata, fcholiis five annotationibus, inftar commentarii, illuftrata à Joanne Bond. *Aurelia- nis*, 1767, *in-*12. *v. &c f. d.*

719 Eadem Horatii Poëmata. *Aurelianis*, 1767, *in-*12. *fil. d.*

720 Idem Horatius Flaccus. *Birminghamiæ*, *Baskerville*, 1762, *in* 12. *mar. r.*

721 Idem Horatius Flaccus. *Birminghamiæ*, *Baskerville*, 1770, *in-*4. *fig. mar. r.*

722 Idem Horatius. *Typis Jo. Baskerville*, 1770, *in-*4. *fig. mar. r.*

723 Eadem Horatii Opera, ex edit. Jof. Valart. *Parifiis*, 1770, *in-*8. *v. f. f. d.*

724 Œuvres d'Horace en latin, trad. en françois par Da- cier & le P. Sanadon, avec les remarques de l'un & de l'autre. *Amft.* 1735, 8 *vol. in-*12.

725 Les mêmes Œuvres d'Horace en latin, trad. en fran- çois par Dacier & le P. Sanadon, avec les remarques de l'un & de l'autre. *Amft.* 1735, 8 *vol. in-*12.

726 Les Poéfies d'Horace, trad. en françois avec des re- marques & des differtations critiques par le P. Sanadon. *Paris*, 1756, 8 *vol. in-*12. *mar. r.*

727 Traduction des Œuvres d'Horace, par le P. Tarteron. *Paris*, 1738, 2 *vol. in-*12.

728 Traduction des Œuvres d'Horace en vers françois. *Paris*, 1752, 5 *vol. in-*12.

729 Les Poéfies d'Horace, trad. en françois par l'Abbé Le Batteux. *Paris*, 1760, 2 *vol. in-*12.

730 Poéfies d'Horace, traduites en françois, par le même. *Paris*, 1760, 2 *vol. in-*12.

731 Phædri Fabularum Æfopiarum Libri quinque, notis il- luftravit David Hoogftratanus. *Amft.* 1701, *in-*4. *c. m. fig. mar. v.*

732 Phædri Fabulæ, ex emendatione Steph. And. Philippe. *Parifiis*, *Barbou*, 1754, *in* 12. *v. m. d. f. tr.*

733 Les Fables de Phedre, trad. en françois avec des re- marques. *Paris*, 1757, *in-*12.

734 Le Favole di Fedro , tradotte in verso toscano. *In Napoli* , 1765, *in-4. v. f. d. f. tr.*

735 P. Ovidii Nasonis Opera , Dan. Heinsius recensuit, cum notis Scaligeri. *Lugd. Batav. ex Officinâ Elzevirianâ,* 1629, 3 *vol. in-12. mar. verd.*

736 P. Ovidii Nasonis Opera, interpret. & notis illustravit Dan. Crispinus, ad usum Delphini. *Venetiis* , 1731, 4 *vol. in-4.*

737 P. Ovidii Nasonis Opera quæ supersunt. *Parisiis* , *Barbou* , 1762 , 3 *vol. in-12. v. m. d. f. tr.*

738 Métamorphoses d'Ovide , trad. en françois par du Ryer. *Paris* , 1704 , 3 *vol. in-12. f. d.*

739 Métamorphoses d'Ovide , trad. en français avec des remarques & des explications historiques par M. l'Abbé Banier. *Paris* , 1738 , 2 *vol. in-4. figures.*

740 Les Métamorphoses d'Ovide en latin , trad. en français avec des remarques & des explications historiques par l'Abbé Banier ; Ouvrage enrichi de figures gravées par B. Picart. *Amst.* 1732 , 2 *vol. in-fol. v. f. d. f. tr.*

741 Métamorphoses d'Ovide, trad. en français avec des remarques & des explications historiques par l'Abbé Banier. *Paris* , 1742 , 3 *vol. in-12. fig. v. m.*

742 Les Métamorphoses d'Ovide en latin & en français de la traduction de l'Abbé Banier , avec des explications historiques & des figures gravées sur les dessins des meilleurs Peintres François par les soins des sieurs Le Mire & Basan. *Paris* , 1767 , 4 *vol. in-4. v. f. d. f. tr.*

743 Epistole eroiche di P. Ovidio Nasone , tradotte da Remigio Fiorentino. *In Parigi* , 1762 , *in-8. v. éc. f. d.*

744 M. Ann. Lucani Pharsalia, cum notis Hug. Grotii & Farnabii. *Amst.* 1643 , *in-12. mar. bl. ferm. d'argent.*

745 M. Ann. Lucani Pharsalia , cum commentario Petri Burmanni. *Leidæ* , 1740 , *in-4.*

746 M. Annæi Lucani Pharsalia , cum notis Hug. Grotii & Rich. Bentleii. *Strawberry-Hill* , 1760 , *in-4. c. m. v. f.*

747 La Pharsale de Lucain, en vers françois, par de Brebeuf. *Leide* , *Elzevier* , 1658 , *in-12. mar. r.*

748 La même. *Paris* , 1682 , *in-12. fig. v. f.*

749 La Pharsale de Lucain, trad. en françois par M. Marmontel. *Paris* , 1766 , 2 *vol. in-8. fig. v. m. f. d.*

750 La même. *Ibid.* 2 *vol. in-8. v. éc.*

751 Satyres de Perse, Traduction nouvelle , avec des notes

par

par M. l'Abbé Le Monnier. *Paris*, 1771, *in-8. pap. d'Holl. mar. r.*

752 L. Annæi Senecæ Tragediæ, cum variorum obferv. & novâ recenfione Ant. Thyfii. *Lugd. Batav.* 1651, *in-8. f. d.*

753 Le Tragedie di Seneca, tradotte da Lodovico Dolce. *In Venetia*, 1560, *in-12.*

754 D. Junii Juvenalis Satyrarum Libri quinque, ex recognitione Steph. And. Philippe. *Parifiis*, *Barbou*, 1754, *in-12. v. m. d. f. tr.*

755 D. Junii Juvenalis & A. Perfii Flacci Satyræ. *Birminghamiæ*, *Baskerville*, 1761, *in-4. mar. r.*

756 Idem Juvenalis, & Perfius. *Typis Jo. Baskerville*, 1761, *in 4. mar. r.*

757 Satyres de Juvénal, trad. par M. Dufaulx. *Paris*, 1770, *in 8. mar. r.*

758 Les mêmes. *Ibid.* 1770, *in-8. v. m. f. d.*

759 M. Valerii Martialis Epigrammata, interpretatione & notis illuftravit Vincent. Colleffo, ad ufum Delphini. *Parifiis*, 1680, *in 4. v f. d. f. tr.*

760 M. Valerii Martialis Epigrammata. *Parifiis*, *Barbou*, 1754, 2 *vol. in-12. v. m. d. f. tr.*

761 Aufonii Opera, interpret. & notis illuftravit Julianus Floridus, in ufum Delphini; recenfuit, fupplevit, emendavit, &c. J. B. Souchay. *Parifiis*, 1730, *in-4.*

762 Œuvres d'Aufone, trad. en françois par M. l'Abbé Jaubert. *Paris*, 1769, 4 *vol. in-12. v. f. f. d.*

Poëtes Latins modernes.

763 Poëtæ tres elegantiffimi, Mich. Marullus, Hieron. Angerianus, Joannes fecundus. *Parifiis*, 1582, *in-16. v. f.*

764 Les Baifers de Jean fecond, traduction françoife, accompagnée du texte latin, par M. M. C. *Paris*, 1771, *in-8. v. f. f. d.*

765 Theodori Bezæ Poëmata, M. Ant. Mureti Juvenilia, Joannis fecundi Juvenilia. *Lugd. Batav.* (*Parifiis*, *Barbou*,) 1757, *in-12. v. m. d. f. tr.*

766 Maphæi, S. R. E. Card. Barberini Poëmata. *Antuerpiæ*, 1634, *in-4. vél.*

767 Mathiæ Cafimiri Sarbievii Carmina. *Parifiis*, *Barbou*, 1759, *in-12. v. m. d. f. tr.*

768 Sarcotis Carmen Jac. Mafenii, cum interpretatione gal,

licâ, curâ & ſtudio J. Dinouart. *Pariſiis, Barbou,* 1757; *in-*12. *v. m. d. ſ. tr.*

769 L'Ecole d'Uranie, ou l'Art de la Peinture, trad. du latin d'Alph. Dufreſnoy & de l'Abbé de Marſy, avec des remarques par Meunier de Querlon. *Paris,* 1753, *in-*12. *mar. v.*

770 Hymnes de Santeuil, trad. en vers françois par l'Abbé Poupin. *Paris,* 1760, *in-*12. *v. m. d. ſ. tr.*

771 F. Joſ. Desbillons Fabularum Æſopiarum Libri quinque. *Glaſguæ,* 1754, *in-*12. *v. ſ.*

772 Ejuſdem Fabulæ Æſopiæ. *Pariſiis,* (*Barbou,*) 1766, *in-*12. *d. ſ. tr.*

Poëtes Latins, Macaroniques.

773 Merlini Cocaïi (Theoph. Folingi) Opus Macaronicorum. *Tuſculani, apud iacum Benacenſem,* 1521, *in-*12. *fig. mar. r.*

774 Hiſtoire Macaronique de Merlin Coccaïe, (Théophile Folengio): plus, l'horrible Bataille advenue entre les Mouches & les Fourmis. *Paris,* 1606, *in-*12. *mar. r.*

775 Le même. *Ibid. in-*12.

776 Antonius de Arena, Provençalis, de bragardiſſimâ Villâ de Soleriis, ad ſuos compagnones, qui ſunt de perſona friantes, baſſas, danſas & branlos praticantes, Nouvellas mandat. *Londini* (*Pariſiis*), 1758, *in-*12. *v. éc.*

POÉSIE FRANÇOISE ANCIENNE ET MODERNE.

Collections & extraits des Poëtes François.

777 Hiſtoire de la Poéſie Françoiſe, par Merveſin. *Paris,* 1706, *in-*12.

778 Hiſtoire de la Poéſie Françoiſe, par l'Abbé Maſſieu. *Paris,* 1739, *in-*12.

779 Les Muſes gaillardes, recueillies des plus beaux Eſprits de ce temps. *Paris,* 1609, *in-*12. *mar. bl.*

780 Recueil des plus belles Pieces des Poëtes François, depuis Villon juſqu'à Benſerade. *Paris,* 1752, 6 *vol. in-*12.

781 Elite de Poéſies fugitives. *Londres* (*Paris*), 1764, 3 *vol. in-*12. *ſ. d.*

782 Le Portefeuille d'un Homme de goût, ou l'Eſprit de

nos meilleurs Poëtes, (par l'Abbé de la Porte.) *Paris*, 1765, 2 *vol. in-12.*

783 Le même. *Ibid.* 2 *vol. in-12. v. m. f. d.*

784 Mémoires pour servir à l'Histoire de la Calotte. 1732, *in-12. mar. r.*

785 Les mêmes. 1752, 4 *vol. in-12. mar. r.*

786 Choix de Chansons, à commencer de celles du Comte de Champagne. (*Paris*,) 1757, *in-12. v. f.*

787 Anthologie Françoise, ou Chansons choisies depuis le treizieme siecle jusqu'à présent, recueillies par Monet. (*Paris*,) 1765, 4 *vol. in-8. v. éc. f. d.*

788 Recueil de Chansons choisies, notées. *La Haye*, 1735, 8 *vol. in-12.*

789 Le même. *Ibid.* 7 *vol. in-12.*

790 Amusemens d'un Convalescent, ou Recueil de Chansons notées. (*Paris*,) 1761, *gr. in-8. d. sur tr. f. d.*

791 Recueil de Romances, historiques, tendres & burlesques, avec les airs notés. 1767, *in-8. f. d.*

P O E T E S F R A N Ç O I S ; *depuis l'origine de la Poésie jusqu'à Clément Marot.*

792 Fabliaux, ou Contes du douzieme & du treizieme siecles, trad. ou extraits, avec des notes historiques & critiques, par M. Le Grand. *Paris*, 1779, 4 *vol. in-8. mar. c.*

793 Les Poésies du Roi de Navarre (Thibault, Comte de Champagne), avec des notes, un glossaire & des dissertations sur la Langue Françoise, (par M. Lévesque de la Ravalliere.) *Paris*, 1742, 2 *vol. in-8. fig.*

794 Le Rommant de la Rose, en vers, commencé par Guillaume de Lorris, & achevé par Jean Clopinel dit de Meun, nouvellement reveu & corrigé, oustre les précédentes impressions. *Paris, Galliot du Pré*, 1538, *caraɛl. goth.* 2 *vol. in-8. fig. avec des notes manusc.*

795 Les Triumphes de la noble & amoureuse Dame, & l'Art de honnestement aimer, composé par le Traverseur des Voies périlleuses (Jehan Bouchet de Poiɛliers), imprimé en caracteres gothiques. *A Paris, chez Jehan Réal*, 1541, *in-8.*

796 Poëtes François imprimés chez Coustelier ; savoir, la Farce de Pathelin, Villon, Coquillart, Cretin, Martial

de Paris, Faifeu & J. Marot. *Paris*, 1723, 8 *vol. in-12.*
v. f.

POETES FRANÇOIS, *depuis Cl. Marot jusqu'à Malherbe.*

797 Œuvres de Cl. Marot, édition donnée par l'Abbé Lenglet du Fresnoy. *La Haye*, 1731, 4 *vol. in-4. gr. pap. v.
éc. f. d.*

798 Les mêmes Œuvres de Cl. Marot. *Ibid.* 4 *vol. in-4. v.
f. d. j. tr.*

799 Les mêmes. *La Haye*, 1731, 6 *vol. in-12. v. f.*

800 Les Epîtres & autres Œuvres de Regnier, avec des
remarques. *Londres*, 1730, *in-8. f. d.*

801 Satyres & autres Œuvres de Mathurin Regnier, avec
des remarques, (par Cl. Broffette.) *Londres*, 1733, *in-4.
v. éc. f. d.*

802 Les mêmes : *in-4. gr. pap. v. éc.*

803 Les Œuvres du fieur de la Roque, de Clermont en
Beauvoifis. *Paris*, 1609, *in-12. v. f. d. j. tr.*

804 Les Poéfies de Maynard. *Paris*, 1646, *in-4.*

POETES FRANÇOIS, *depuis Malherbe jusqu'à nos jours.*

805 Œuvres de Fr. de Malherbe. *Paris*, 1635, 2 *vol. in-8.
v. m.*

806 Les Œuvres de Racan. *Paris*, 1724, 2 *vol. in-12. v. f.*

807 Œuvres de J. de la Fontaine. *Anvers*, 1726, 3 *vol.
in-4. v. éc. d. j. tr.*

808 Les mêmes. *Ibid.* 1726, 3 *vol. in-4.*

809 Œuvres diverfes de Jean de la Fontaine. *Paris*, 1744,
4 *vol. in-12. mar. r.*

810 Les mêmes Œuvres diverfes de J. de la Fontaine. *Paris*, 1758, 4 *vol. in-12.*

811 Fables choifies de J. de la Fontaine, avec des figures
d'après les deffins d'Oudry. *Paris*, 1758, 4 *vol. in-fol.
gr. pap. prem. epreuves, mar. r. dent.*

812 Les mêmes Fables de la Fontaine, avec des figures
gravées en taille-douce par Feffard. *Paris*, 1765, 6 *vol.
in-8. pap. d'Holl. mar. bl.*

813 Les mêmes Fables de J. de la Fontaine. *Paris*, 1745,
2 *vol. in-12. mar. r.*

814 Les mêmes Fables de J. de la Fontaine. *Paris*, 1757,
in-12.

815 Contes & Nouvelles en vers, par J. de la Fontaine ;
avec les figures de Romain de Hooge. *Amft.* 1732, 2 *vol.*
in-12. mar. bl.

816 Œuvres de Nic. Boileau-Defpréaux, avec des éclairciffemens hiftoriques donnés par lui-même; édition corrigée, augmentée & enrichie de figures gravées par B. Picart. *La Haye*, 1718, 2 *vol. in-fol.*

817 Les mêmes Œuvres de Boileau, avec les figures de
B. Picart. *La Haye*, 1729, 2 *vol. in-fol. mar. r.*

818 Les mêmes Œuvres de Boileau, avec des éclairciffemens
hiftoriques donnés par lui-même, augmentées, avec les
remarques de M. de Saint-Marc. *Paris*, 1747, 5 *vol. in-8.*
fig.

819 Les mêmes Œuvres de Boileau, par de Saint-Marc.
Paris, 1747, 5 *vol. in-8. mar. r.*

820 Les mêmes Œuvres de Boileau. *Paris*, 1757, 3 *vol.*
in-12.

821 Œuvres d'Antoinette de la Garde Deshoulieres. *Paris*,
1754, 2 *vol. in-12.*

822 Œuvres de Chapelle & de Bachaumont. *Paris*, 1755,
in-12.

823 Œuvres de Guill. Anfrye de Chaulieu. *Amft.* 1733, 2
vol. in-8. v. m. dor. f. tr.

824 Les mêmes Œuvres de Chaulieu. *Paris*, 1757, 2 *vol.*
in-12.

825 Œuvres d'Etienne Pavillon. *Amft.* (*Paris*), 1747, 2 *vol.*
in-12. v. f. f. d.

826 Poéfies Françoifes de l'Abbé Regnier Defmarais. *Amft.*
(*Paris*) 1753, 2 *vol. in-12.*

827 Noei Borguignon de Gui Barozai (La Monnoye). *Di-*
jon, 1720, *in-8.*

828 Œuvres choifies de Bernard de La Monnoye. *Paris*,
1770, 2 *vol. in-4. v. éc.*

829 Œuvres diverfes de J. B. Rouffeau. *Londres, Tonfon,*
1723, 2 *vol. in 4. v. m. f. d.*

830 Les mêmes Œuvres de J. B. Rouffeau. *Amft.* 1726,
3 *vol. in 12. mar. r.*

831 Les mêmes Œuvres de J. B. Rouffeau; édition revue,
corrigée & augmentée par M. Seguy. *Bruxelles* (*Paris*),
1743, 3 *vol. in-4. gr. pap. v. éc. d. f. tr.*

832 Le Vice puni, ou Cartouche, Poëme, par Pierre Grand-
val. *Paris*, 1726, *in-8. fig.*

833 Poéfies diverfes du P. du Cerceau. *Amft.* 1753, *in-12.*

834 Fables de la Motte. *Paris*, 1719, *in-4. gr. pap. fig.* de Gillot.

835 Les mêmes Fables. *Ibid. in-4. fig.*

836 Œuvres mêlées de La Grange. *La Haye*, 1724, *in-12.* v. m.

837 Œuvres de Greffet. *Londres (Orléans)*, 1748, 2 vol. *in-12.*

838 Les mêmes Œuvres de Greffet. *Londres (Orléans)*, 1748, 2 vol. *in-12.* v. f.

839 Les mêmes. *Londres (Paris)*, 1765, 2 vol. *in-12.*

840 Commentaire fur la Henriade, par de la Beaumelle; revu & corrigé par M. Fréron. *Berlin (Paris)*, *Le Jay*, 1775, 2 vol. *in-8. br.*

841 Œuvres de De Launay. *Paris*, 1733, *in-12. mar. r.*

842 Contes de G * * *. *Amft.* 1745, 4 vol. *in-12.* v. f.

843 Œuvres de J. B. Jof. Willart de Grécourt. *Luxembourg (Paris)*, 1761, 4 vol. *in-12.* v. m.

844 Poéfies de l'Abbé de L'Attaignant. *Paris*, 1757, 4 vol. *in-12.* v. m. f. d.

845 L'Art d'aimer & Poéfies diverfes de Bernard. (*Paris,*) *in-8. br.*

846 Malthe, ou l'Ifle-Adam, Poëme, par M. Privat de Fontanilles. *Paris*, 1749, *in-8. mar. r.*

847 Œuvres d'Alexis Piron, publiées par M. Rigoley de Juvigny. *Paris*, 1776, 7 vol. *in 8.* v. f. d. f. tr.

848 Odes facrées, par M. de Bologne. *Paris*, 1758, *in-12. mar. r.*

849 Œuvres diverfes de M. Le Franc. *Paris*, 1750, 2 vol. *in-12.* v. f. f. d.

850 Poéfies facrées, par M. Le Franc. *Paris*, 1751, *in-8. mar. r.*

851 Mon Odyffée, Poëme, par M. Robé. *La Haye (Paris)*, 1760, *in-8. fig.* v. f.

852 Œuvres pofthumes de M. de la Foffe. 1766, *in-12.* v. m.

853 Les Sens, Poëme, par M. de Rozoy. *Londres (Paris)*, 1767, *in 8. fig.* v. m. f. d.

854 Le même Poëme. (*Paris,*) 1766, *in-8. fig.* v. éc.

855 Mes Fantaifies, par Dorat. *Paris*, 1768, *in-8.* v. m. f. d.

856 L'Eleve de Minerve, ou le Télémaque travefti, en vers, (par Junquieres.) *Paris*, 1759, 3 vol. *in-12. mar. r.*

857 Œuvres complettes de M. le C. de B. *Londres (Orléans)*, 1767, 2 vol. *in 8. mar. r.*

858 Les Saifons, Poëme, par M. de Saint-Lambert. *Amft.* (*Paris*), 1769, *in-8. fig. v. m. f. d.*

859 L'Art de peindre, Poëme, avec des réflexions fur les différentes parties de la Peinture, par M. Watelet. *Paris*, 1760, *in 4. gr. pap. fig. mar. bl. dent.*

860 Le même Poëme de M. Watelet; *in-4. manufc. mar. r.*

861 Fables de M. l'Abbé Aubert. *Paris*, 1761, *in-12. v. f. d. f. tr.*

862 Les mêmes. *Paris*, 1764, *in-12. v. f. d. f. tr.*

863 Clovis, Poëme héroï-comique, avec des remarques (par M. Lejeune.) *Paris*, 1763, 3 *vol. in-12. f. d.*

864 La Dunciade, Poëme en dix Chants (par M. Paliffot.) *Londres* (*Geneve*), 1771, 2 *vol. in-8. br.*

865 La Vérité, Ode à M. de Voltaire, fuivie d'une Differtation hiftorique & critique fur le Gouvernement de Geneve & fes Révolutions. — Marcellus, ou les Perfécutions, Tragédie Chrétienne. — Le Bâtard légitimé, ou le Triomphe du Comique larmoyant; avec un Examen du Fils naturel; *in-8.*

866 L'Agriculture, Poëme, par M. Roffet. *Paris, de l'Impr. Royale, in-4. fig. broch.*

867 Narciffe dans l'Ifle de Vénus, Poëme en quatre Chants, (par Malfilâtre.) *Paris*, 1769, *in-8. fig.*

868 La Peinture, Poëme en trois Chants, par M. Le Mierre. *Paris*, 1769, *in-4. fig. br.*

869 Fables nouvelles, par M. Imbert. *Amft.* (*Paris*), 1773, *in-8. br.*

870 Hiftoriettes, ou Nouvelles en vers, par le même. *Amft.* (*Paris*), 1774, *in-8. fig. br.*

POÉSIE FRANÇOISE DRAMATIQUE.

Traités généraux & préliminaires fur le Théâtre François.

871 Recherches fur les Théâtres de France, par de Beauchamps. *Paris*, 1735, *in-4. gr. pap.*

872 Les mêmes. *Paris*, 1735, 3 *vol. in-8.*

873 Les mêmes. *Ibid.* 3 *vol. in 8. v. f.*

874 Hiftoire du Théâtre François, depuis fon origine jufqu'à préfent, (par les freres Parfait.) *Amfterdam & Paris*, 1735, 15 *vol. in-12.*

875 La même Hiftoire du Théâtre François. *Amft. & Paris*, 1735, 14 *vol. in-12. v. f.*

876 Tablettes Dramatiques, par M. le Chevalier de Mouhy, *Paris*, 1752, *in-8. mar. r.*

877 Dictionnaire des Théâtres de Paris, par les freres Parfait. *Paris*, 1767, 7 *vol. in-*12.

878 Bibliothéque du Théâtre François, depuis son origine. *Dresde* (*Paris*) 1768, 3 *vo.. in-8. v. m.*

879 Observations sur la Comédie & sur le génie de Moliere, par Louis Riccoboni. *Paris*, 1736, *in-*12.

880 Le Comédien, par Rémond de Sainte-Albine. *Paris*, 1749, *in-8.*

881 La Déclamation Théâtrale, Poëme, par Dorat. *Paris*, 1766, *in-8. fig.*

Théâtre François, troisieme âge, depuis Hardy jusqu'à P. Corneille.

882 Les six premieres Comédies facétieuses de Pierre de Larivey. *Paris*, 1579, 2 *vol. in-*12. *p. f. f. d.*

883 Tragédies Françoises de Claude Billard. *Paris*, 1610, *in-8.*

884 Théâtre de Beys, contenant l'Hôpital des Fous, le Jaloux sans sujet, les Freres Rivaux, les Illustres Fous. *Paris*, 1639, *in-*4.

Théâtre François, quatrieme âge, depuis P. Corneille jusqu'à présent.

885 Théâtre François, ou Recueil des meilleures Pieces de Théâtre. *Paris*, 1737, 12 *vol. in-*12. *v. f.*

886 Les Œuvres de P. & T. Corneille. *Paris*, 1747, 11 *vol. in-*12.

887 Théâtre de P. Corneille, avec des Commentaires, par Voltaire. *Genéve*, 1764, 12 *vol. in-8. fig. v. m. f. d.*

888 Le même Théâtre de P. Corneille, avec des Commentaires, par de Voltaire. *Genéve*, 1774, 8 *vol. in-*4. *fig. v. éc.*

889 Rodogune, Tragédie de P. Corneille, *imprimée à Versailles dans la Chambre de Madame la Marquise de Pompadour en* 1760; *avec une Estampe dessinée par Boucher, gravée à l'eau-forte par Madame de Pompadour, & retouchée par M. Cochin: in-*4. *mar. r.*

890 La même. *Ibid. in-*4. *br.*

891 Œuvres de Moliere. *Paris*, 1734, 6 *vol. in-4. fig. v. éc. d. f. tr.*

892 Les mêmes Œuvres de Moliere. *Ibid.* 1734, 6 *vol. in-4. fig. v. f.*

893 Les mêmes Œuvres de Moliere, avec les figures de Boucher. *Paris*, 1739, 8 *vol. in-12. mar. r.*

894 Théâtre de Philippe Quinault. *Paris*, 1715, 5 *vol. in-12.*

895 Œuvres de J. Racine. *Lonares, Tonfon*, 1733, 2 *vol. in-4. fig. v. f. f. d.*

896 Les mêmes Œuvres de J. Racine. *Paris*, 1741, 2 *vol. in-12. mar. r.*

897 Les mêmes Œuvres de J. Racine. *Paris*, 1760, 3 *vol. in-4. fig. v. éc. f. d.*

898 Remarques fur les Tragédies de J. Racine, par L. Racine. *Paris*, 1752, 3 *vol. in-12. f. d.*

899 Œuvres de J. Fr. Regnard. *Paris*, 1750, 4 *vol. in-12. v. f.*

900 Les mêmes Œuvres de Regnard. *Paris*, 1758, 4 *vol. in-12.*

901 Théâtre de Philippe Poiffon. *Paris*, 1766, 2 *vol. in-12.*

902 Œuvres de Théâtre de David-Auguftin Brueys & de Jean Palaprat. *Paris*, 1755, 5 *vol. in-12. v. éc.*

903 Les mêmes ; 5 *vol. in-12.*

904 Théâtre de Florent Carton Dancourt. *Paris*, 1742, 8 *vol. in-12. v. m.*

905 Théâtre de Duché. *Paris*, 1757, *in-12.*

906 Théâtre d'Hauteroche. *Paris*, 1742, 3 *vol. in-12. v. f. f. d.*

907 Œuvres de Théâtre d'Alain-René Le Sage. *Paris*, 1774, 2 *vol. in-12.*

908 Théâtre de Ch. de La Mothe. *Paris*, 1765, *in-12.*

909 Œuvres de Profper Jolyot de Crébillon. *Paris, de l'Impr. Royale*, 1750, 2 *vol. in-4. v. f. d. f. tr.*

910 Les mêmes Œuvres de Crébillon. *Ibid.* 1750, 2 *vol. in-4. v. m.*

911 Théâtre d'Antoine Danchet. *Paris*, 1751, 4 *vol. in-8.*

912 Le même Théâtre. *Ibid.* 4 *vol. in-8. mar. r.*

913 Œuvres de Louis de la Grange-Chancel. *Paris*, 1758, 5 *vol. in-12.*

914 Œuvres Dramatiques de Néricault-Deftouches. *Paris, de l'Impr. Royale*, 1757, 4 *vol. in-4. v. m.*

H

915 Les mêmes Œuvres de Deſtouches. *Ibid.* 1757, 4 *vol.* *in-*4.

916 Les mêmes Œuvres de Néricault-Deſtouches. *Paris,* 1763, 10 *vol. in-*12. *v. m.*

917 Œuvres de Pierre-Cl. Nivelle de la Chauſſée. *Paris,* 1762, 5 *vol. in-*12.

918 Théâtre & Œuvres diverſes de Pannard. *Paris,* 1763, 4 *vol. in-*12.

919 Le même Théâtre de Pannard. *Ibid.* 4 *vol. in-*12.

920 Théâtre de Pierre Carlet de Chamblain de Marivaux. *Paris,* 1758, 7 *vol. in-*12. *v. éc.*

921 Théâtre de Boiſſy. *Amſt.* (*Rouen*), 1758, 8 *tom. en* 4 *vol. in-*12. *v. m.*

922 Théâtre de Michel Guyot de Merville. *Paris,* 1766, 3 *vol. in-*12.

923 Théâtre de Poullain de Saintfoix. *Paris,* 1748, 2 *tom. en un vol. in-*12. *f. d.*

924 Le même Théâtre de Poullain de Saintfoix. *Paris,* 1762, 4 *vol. in-*12. *mar. r.*

925 Œuvres d'Alexis Piron. *Paris,* 1758, 3 *vol. in-*12. *v. f. f. d.*

926 Théâtre de Madame de Grafigny. *Paris,* 1766, *in-*12.

927 Théâtre de Cl. Henri de Fuſée de Voiſenon. *Paris,* 1753, *in-*12.

928 Théâtre & Œuvres diverſes de M. Paliſſot de Montenoy. *Paris,* 1763, 3 *vol. in-*12. *v. m.*

929 Le Fils naturel, ou les Epreuves de la Vertu, Comédie, par M. Diderot. *Amſt.* (*Paris*), 1757, *in-*8.

930 Le Pere de Famille, Comédie, avec un Diſcours ſur la Poéſie Dramatique, par le même. *Amſt.* (*Paris*), 1758, *in* 8.

931 Œuvres Dramatiques de M. Sedaine. *Paris,* 1776, 4 *vol. in-*8. *v. f. f. d.*

932 Théâtre & Œuvres mêlées de M. Bailly. *Paris,* 1768, 2 *vol. in-*8. *v. m.*

933 Théâtre de Société, par M. Collé. *Paris,* 1768, 2 *vol. in-*8. *v. m.*

934 Les deux Reines, Drame héroïque en cinq actes & en proſe, (par Dorat.) *Paris,* 1770, *in-*8. *br.*

935 Théâtre de Société, (par Madame la C. de Genlis.) *La Haye* (*Paris*), 1778, 2 *vol. in-*8. *fil. d.*

Théâtre de l'Opéra ; Ballets , &c.

936 Histoire du Théâtre de l'Opéra. *Paris*, 1753, 2 vol. *in-8.*

937 Réflexions sur l'Opéra , par Rémond de Saint-Mard. —— Le Code Lyrique, ou Réglement pour l'Opéra de Paris, par M. de Querlon ; avec la Requête de deux Actrices à Momus, &c. *in-12.*

938 Recueil général des Opéras représentés par l'Académie Royale de Musique. *Paris*, 1703 , 14 vol. *in-12.*

939 Recueil des Comédies & Ballets représentés sur le Théâtre des petits Appartemens en 1747 , 1748 , 1749 & 1750. *Paris*, 4 vol. *in-8. v. f.*

940 Spectacles des petits Appartemens , années 1748, 1749 & 1750 ; 6 vol. *in-8. imprimés sur vélin, mar. bl.*

941 Spectacles donnés à Fontainebleau en 1753 & 1754. *Paris*, 2 vol. *in-4. mar. r.*

Théâtre Italien , & Opéra comique.

942 Histoire du Théâtre Italien , depuis la décadence de la Comédie Latine ; avec un Catalogue des Tragédies & Comédies Italiennes imprimées depuis 1500 jusqu'à 1660, par Louis Riccoboni. *Paris*, 1727, *in-8. fig.*

943 Nouveau Théâtre Italien , par Dominique Biancollelli. *Anvers*, 1713 , *in-12. f. d.*

944 Théâtre de M. Favart. *Paris*, 1763 , 10 vol. *in-8.*

945 Œuvres de Vadé. *Paris*, 1775 , 4 vol. *in-8.*

946 Parodies du Théâtre Italien. *Paris*, 1738 , 3 vol. *in-12.*

947 Théâtre des Boulevards, ou Recueil de Parades. (*Paris*,) 1756, 3 vol. *in-12. v. m. f. d.*

948 Le même Théâtre des Boulevards. (*Ibid.*) 1756, 3 vol. *in-12. f. d.*

POEMES EN PROSE.

949 La Mort d'Abel, Poëme , trad. de l'allemand de Geßner par M. Huber. *Paris*, 1760, *in-12. f. d.*

950 La Mort d'Abel, Drame, par M. l'Abbé Aubert. *Paris*, 1765 , *in-8.*

951 Joseph, en neuf Chants , par M. Bitaubé. *Paris*, 1757, *in-8. v. m. fig.*

POÉSIE ITALIENNE.

Collections & extraits des Poëtes Italiens.

952 Stanze di diverſi illuſtri Poëti, raccolte da Lod. Dolce. *In Vinegia*, 1558, 2 vol. *in-16. v. éc. dor. ſur tr.*

953 Cento Favole morali dei più illuſtri antichi, & moderni Autori gr. & lat. ſcielte, & trattate in varie maniere di verſi volgari da Gio. Mario Verdizotti. *In Venetia*, 1577, *in-4. fig.*

954 Opere burleſche di M. Fr. Berni, di M. Gio. della Caſa, del Varchi, Mauro, Bino, Molza, Dolce, e del Firenzuola. *Londra*, 1721, 2 vol. *in-8.*

955 Rime de' più illuſtri Poeti Italiani, ſcelte dall' Abbate Antonini. *In Parigi*, 1731, 2 vol. *in-12.*

956 Scelta di Sonetti e Canzoni de' più eccellenti Rimatori d' ogni Secolo (da Agoſtino Gobbi.) *In Venezia*, 1739, 5 vol. *in-12. v. f.*

957 Collection des Auteurs Italiens imprimés par Prault; ſavoir, Dante, Petrarca, Taſſo, Arioſto, Guarini, Fortiguerra, Pulci, Taſſoni, Corſini, Lippi, Boccaccio, Machiavelli, il Tempio di Gnido, Congreſſo di Citera, e Vocabolario portatile. *In Parigi*, 1768, 36 vol. *in-12. v. éc. f. d. d. ſ. tr.*

Poëtes Italiens.

958 La divina Comedia di Dante, di nuovo alla ſua vera lettione redotta da Lod. Dolce. *In Vinegia*, 1569, *in-16.*

959 Il Petrarca. *In Lione*, *Rovillio*, 1551, *in-16. m. r.*

960 Le Rime del Petrarca, brevemente eſpoſte per Lod. Caſtelvetro. *In Venezia*, 1756, 2 vol. *in-4. gr. pap. fig. mar. r.*

961 Les Œuvres amoureuſes de Pétrarque, italien & françois, trad. par le ſieur Placide. *Paris*, 1671, *in-12. v. éc.*

962 Orlando Furioſo di M. Lod. Arioſto. *In Lione*, *Rovillio*, 1561, 2 vol. *in-24, fig. mar. r.*

963 Il medeſimo Orlando Furioſo di Lud. Arioſto. *In Parigi*, *Prault*, 1746, 4 vol. *in-12. mar. c.*

964 Il medeſimo Orlando Furioſo di Lodovico Arioſto. *Birmingham*, *Baskerville*, 1773, 4 vol. *in-4. fig. mar. r.*

965 Orlando Furiofo di Lod. Ariofto, tradotto in verfi latini dal Marchefe Torquato Barbolani, coll tefto accanto. *In Arezzo*, 1756, 2 *vol. in-4. v. m. f. d.*

966 Il Morgante Maggiore di Luigi Pulci. *In Firenze*, 1732, *in-4.*

967 Il Palmerino di M. Lodovico Dolce. *In Venetia, Gio. Bat. Seffa.* 1561, *in-4. mar. r.*

968 Rime di Bernardo Taffo. *In Bergamo*, 1749, 2 *vol. in-12.*

969 La Gierufalemme liberata di Torquato Taffo, con le figure di G. B. Piazzetta. *In Venezia, Albrizzi,* 1746, *in-fol. gr. pap. mar. r.*

970 La medefima Gierufalemme liberata, con le figure di Piazzetta. *Ibid. in-fol. gr. pap. mar. r.*

971 Jérufalem délivrée, du Taffe ; trad. par de Mirabeau. *Paris*, 1752, 2 *vol. in-12. v. m.*

972 Jérufalem délivrée, Poëme du Taffe ; nouvelle Traduction par M. Le Brun. *Paris*, 1774, 2 *vol. in-8. gr. pap. fig. v. éc. d. f. tr.*

973 Il Goffredo, Poema eroico di Torquato Taffo. *In Padova*, 1749, *in-12. fig. mar. r.*

974 Le Opere volgari di M. Jacopo Sannazzaro, illuftrate da Giov. Ant. Volpi. *In Padova*, 1723, *in-4. mar. r.*

975 Arcadia di Jac. Sannazzaro. *In Venetia*, 1746, *in-12.*

976 La Coltivatione di Luigi Alamanni. *In Fiorenza, Giunti,* 1546, *in-8. mar. r.*

977 Le Nuove Fiamme di M. Lodovico Paterno. *In Lione, Rovillio,* 1568, *in-16. v. f.*

978 Rime & Profe di M. Giovanni della Cafa. *In Venetia,* 1579, *in-12.*

979 La Secchia rapita, Poema eroicomico di Alef. Taffoni. *In Parigi*, 1766, 2 *vol. in-8. fig. mar. r.*

980 La Secchia, Poema eroicomico, d'Androvinci Melifone. *In Parigi*, 1622, *in-12. mar. r.*

981 Il Malmantile racquiftato di perfone Zipoli (Lorenzo Lippi) colle note di Puccio Lamoni. *In Firenze*, 1750, *in-4.* 2 *vol. v. f.*

982 Il Medefimo Malmantile racquiftato, *ibid.* 2 *vol. in-4.*

983 Bertoldo con Bertoldino e Cacafeno, in ottava rima, Poema da Giulio Cezare Crocce e di Camillo Scaligero. *In Bologna*, 1736, *in-4. fig.*

984 In Medefimo Bertoldo. *In Bologna*, 1736, *in-12. fig.*

985 Richardet, Poëme, trad. en vers françois. *La Haye* (*Paris*), 1766, *in*-8. *v. éc. f. d.*

986 Franceide overo del mal Francese, Poema Giocoso di Gio. Bat. Lalli. *In Foligno*, 1629, *in*-16

987 Raccolta delle Poesie di Fulvio Testi. *In Modana*, 1648, 2 *vol. in* 12.

988 L'Adone, Poema heroico del C. Marino. *In Amst. Elzevier.* 1678, 4 *vol. in*-12. *fig. v. m. f. d.*

989 Satire alla Carlona di Andrea da Bergamo. *In Vinegia*, 1566, 2 *tom. en un vol. in*-12.

990 Satire di Salvator Rosa. *In Amst. in*-12. *mar. r.*

991 Satire del Cavalier Dotti. *Ginevra* (*Parigi*), 1757, 2 *vol. in*-12.

Poëtes dramatiques Italiens.

992 Teatro Italiano, osia scelta di Tragedie, per uso della Scena. *In Venezia*, 1746, 3 *vol. in* 8.

993 Candelaio, Comedia del Sign. Giordano Bruno Nolano. *In Parigi, Giuliano*, 1582. — La Cortesia, Comedia di Angelo Badalucchi. *In Viterbo*, 1609, *in*-12. *mar. r.*

994 Quattro Comedie di M. Pietro Aretino, il Marescalco, la Cortigiana, la Talanta, e l'Hipocrito, 1588, *in*-8. *mar. r.*

995 Cortigiana Comedia di P. Aretino, 1535, *in*-8. *v. f. f. d.*

996 Aminta di Torquato Tasso. *In Parigi*, 1745, *in*-12. *v. f.*

997 La medesima Aminta, *ibid. in*-12. *mar. r.*

998 L'Aminte du Tasse, trad. en fr. avec le texte à côté. *Paris*, 1734, *in*-12.

999 Il Pastor fido, Tragicomedia, e la Idropica, Comedia di Bat. Guarini. *Londra*, 1736, *in*-4. *fig. mar. r.*

1000 Il medesimo Pastor fido. *In Parigi, Prault*, 1766, *in*-12.

1001 Il medesimo Pastor fido. *In Colonia*, 1677, *in*-12. *fig.*

1002 Filli di Sciro, Favola pastorale del Conte Guidubaldo de Bonnarelli. *In Amst. Elzevier.* 1678, *in*-24. *fig. mar. r.*

1003 La medesima Filli di Sciro. *Ibid. in*-24.

1004 Comedie di Gio. Bat. Fagiuoli. *In Firenze*, 1734, 7 *vol. in*-12.

1005 Della Rosmunda, Tragedia di Gioy. Ruccellai. *Londra*, 1737, *in*-12.

1006 Dell' Alceo, Favola pescatoria di Ant. Ongaro. *Londra*, 1737, *in-*12.

1007 La Merope, Tragedia, con Annotazioni dell'Autore (Scipion Maffei), aggiungesi per altra mano la version francese del Sig. Freret, e la inglese del Sig. Ayre. *In Verona*, 1745, *in-*4. *fig. mar. r.*

1008 Poesie del Signor Abate Pietro Metastasio. *Parigi*, 1755, 9 *vol. in-*8. *v. f. f. d.*

1009 Le medesime Poesie di Pietro Metastasio. *Parigi*, 1755, 9 *vol. in-*8.

1010 Le medesime Poesie. *Parigi*, 1773, 6 *vol. in-*12. *v. éc.*

1011 Opere del S. Abate Pietro Metastasio a Giuf. Pezzana edite. *In Parigi*, 1780, 6 *vol. in-*4. *fig. pap. d'Holl. mar. bl.*

1012 Le Commedie di Carlo Goldoni. *Venezia*, 1750, 2 *vol. in-*8.

1013 Commedie di Carlo Goldoni. *In Venezia*, 1761, 10 *v. in-*8. *br.*

1014 Nuovo Teatro comico di Carlo Goldoni. *In Torino*, 1758, 8 *vol. in-*8. *v. éc. d. f. tr.*

1015 Commedie di Carlo Goldoni. *In Venezia*, 1761, 16 *v. in-*8. *fig. v. f. f. d.*

1016 Le Pere de Famille, & le véritable Ami, Comédies, par Ch. Goldoni, trad. de l'Italien. *Avignon*, 1758, *in-*8.

Poëtes dramatiques Espagnols.

1017 La Célestine fidellement repurgée & mise en meilleure forme, par Jacques de Lavardin, Tragi-comédie espagnole. *Paris*, 1578. *in-*12. *p. f. f. d.*

Poésie Angloise.

1018 Le Paradis perdu de Milton, trad. de l'Anglois par Dupré de S. Maur. *Paris*, 1729, 3 *vol. in-*12. *f. d.*

1019 Le Paradis perdu de Milton, trad. par Racine le fils. *Paris*, 1755, 3 *vol. in-*8.

1020 Œuvres diverses de Pope, trad. de l'Anglois. *Amsterd.* 1767, 8 *vol. in-*12. *fig.*

1021 Essai sur l'Homme, Poëme, par Alex. Pope, en cinq Langues, Anglois, Latin, Italien, François & Allemand. *Strasbourg*, 1762, *in-*8. *v. f. f. d.*

1022 Le même, *ibid. in-*8. *mar. r.*

1023 Le Théâtre Anglois, trad. par M. de la Place. *Lond.* (*Paris*), 1756, 8 *vol. in-12.*

1024 Le même Théâtre Anglois, *ibid.* 8 *vol. in 12. v. f. f. d.*

1025 Le même Théâtre Anglois, *ibid.* 8 *vol. in-12.*

Poëtes Orientaux.

1026 Caab. Ben. Zoheir. carmen panegyricum in laudem Muhammedis. Item Amralkeisi Moallakah, cum Scholiis, Arabicè ; & versione Lat. Levini Warneri, accedunt sententiæ Arabicæ Imperatoris Ali. ex edit. & cum notis Ger. Jo. Lette. *Lugd. Bat.* 1748, *in-4. v. f.*

1027 Eloge de la Ville de Moukden & de ses environs, Poëme composé par Kien-Long, Empereur de la Chine, trad. avec des notes, par le P. Amiot, & publié par M. de Guignes. *Paris*, 1770, *in-8.*

1028 Le même Eloge de la Ville de Moukden, *ibid.* 1770 ; *in-8.*

MYTHOLOGIE.

MYTHOLOGISTES ANCIENS ET MODERNES.

1029 Mythologie, ou explication des Fables, par J. Baudoin. *Paris*, 1627, *in-fol. fig. v. m. f. d.*

1030 Tableaux du Temple des Muses, tirés du cabinet de M. Favereau, dessinés par Diempembeck, & gravés par Bloemart, & autres excellens Maîtres, pour représenter les vertus & les vices sur les plus illustres Fables de l'antiquité, avec les descriptions, remarques & annotations de Michel de Marolles. *Paris*, 1655, *in-fol. fig.*

1031 La Vérité des Fables, ou l'Histoire des Dieux de l'antiquité, par Desmarets. *Paris*, 1661, 2 *vol. in-8.*

1032 Explication historique des Fables, par l'Abbé Banier. *Paris*, 1742, 3 *vol. in-12.*

1033 Dictionnaire de Mithologie pour l'intelligence des Poëtes, de l'Histoire fabuleuse, des monumens historiques, bas reliefs, tableaux &c., par M. l'Abbé Declaustre. *Paris*, 1745, 3 *vol. in-12. v. f. d. f. tr.*

1034 Le même Dictionnaire de Mythologie. *Paris*, 1765, 2 *vol. in-8.*

1035 Dictionnaire abrégé de la Fable, par Chompré. *Paris*, 1764, *in-12.*

FABLES,

FABLES, APOLOGUES, &c.

1036 Fables nouvelles, traduction libre de l'Allemand, de M. Lichtwehr. *Strasbourg*, 1763, *in-12.*

POÉSIE PROSAÏQUE.

Facéties, Plaisanteries, Histoires comiques, plaisantes & récréatives, latines, françoises, italiennes, &c.

1037 Aresta Amorum, cum commentariis Benedicti Curtii. *Lugdunt*, 1546, *in-8. v. éc.*

1038 Eadem Aresta Amorum. *Ibid. in-8.*

1039 Œuvres de Fr. Rabelais, avec les notes & les remarques de la Monnoye & Le Duchat. *Amst.* 1725, 5 *vol. in-12. fig.*

1040 Les mêmes Œuvres de Rabelais, avec les notes & les remarques historiques & critiques de la Monnoye & Le Duchat. *Amst.* 1741, 3 *vol. in-4. fig. de l'Picart, mar. r.*

1041 Les mêmes Œuvres de Rabelais, avec les figures de Picart. *Ibid.* 3 *vol. in-4. mar. r.*

1042 Les Bigarrures du Seigneur des Accords. *Paris,* 1573, *in-18. mar. r.*

1043 La Zucca del Doni. *In Venetia*, 1607, 2 *vol. in-8. v. f. d. f. tr.*

1044 Les quinze Joies de Mariage, ou la Nasse dans laquelle sont détenus plusieurs personnages de notre temps, par François de Rosset. *Paris*, 1620, *in-12. f. d.*

1045 Les Écosseuses, ou les Œufs de Pâques, (par le Comte de Caylus.) *Troyes (Paris)*, 1739, *in 12.*

1046 Les Etrennes de la Saint Jean, par le même. *Troyes (Paris)*, 1742, *in-12. gr. pap.*

1047 Recueil de ces Messieurs, par le même. *Amst. (Paris)*, 1745, *in-12.*

1048 Recueil de ces Dames, par le même. *Bruxelles (Paris)*, 1745, *in-12. v. f.*

1049 Histoires, Nouvelles & Mémoires ramassés, par le même. *Londres (Paris)*, 1745, *in-12. v. f.*

1050 Les Manteaux, Recueil, par le même. *La Haye (Paris)*, 1746, *in-12.*

1051 Le Pot-Pourri, Ouvrage nouveau de ces Dames &

de ces Meſſieurs, par le même. *Amſt.* (*Paris*), 1748, *in-*12. *v. f.*

1052 Lettre écrite à Madame la Comteſſe Tation, par le ſieur de Bois-Flotté (M. de Bievres). *Amſt.* (*Paris*), 1770, *in-*8.

1053 La Narquoiſe Juſtine. Lecture pleine de récréatives Adventnres & de morales railleries contre pluſieurs conditions humaines, trad. de l'eſpagnol de Fr. Lopez de Ubeda. (Andr. Perez). *Paris,* 1636, *in-*8.

1054 Les Tours de Maitre Gonin. *Amſt.* 1713, 2 *vol. in-*12. *f. d.*

1055 Roman comique de Scarron. *Paris,* 1757, 3 *vol. in-*12.

1056 Les Gaſcons en Hollande, ou Aventures ſingulieres de pluſieurs Gaſcons. 1767, 2 *voi. in-*12.

Contes & Nouvelles.

1057 Il Decamerone di Giovanni Boccaccio. *In Amſt.* 1718, 2 *vol. in-*8. *mar. r.*

1058 Il medeſimo Decamerone di Giovanni Boccaccio. *Londra* (*Parigi*), 1757, 5 *vol. in-*8. *fig. pap. d'Holl. mar. r.*

1059 Il medeſimo Decamerone di Gio. Boccaccio, dato in luce da Vinc. Martinelli. *Londra,* 1766, *in-*4. *v. m. f. d.*

1060 I Diporti di M. Girolamo Paraboſco. *In Vinegia,* 1558, *in-*8.

1061 Les facétieuſes Nuits du Seigneur Straparole. 1726, 2 *vol. in-*12.

1062 Le Novelle di Matteo Bandello. *In Londra,* 1740, 4 *vol. in-*4. *mar. bl.*

1063 La prima e la ſeconda Cena, Novelle di Ant. Fr. Grazzini detto il Laſca. *In Londra* (*Parigi*), 1756, *in-*8.

1064 Contes de Marguerite de Valois, Reine de Navarre. *Londres* (*Paris*) 1744, 2 *vol. in-*12. *f. d.*

1065 Les Contes, ou les nouvelles Récréations & joyeux Devis de Bonaventure des Periers, donnés par de la Monnoye. *Amſt.* 1735, 3 *vol. in-*12.

ROMANS.

Anciens Romans Grecs & Latins.

1066 Les Amours paſtorales de Daphnis & Chloé, trad. du

grec de Longus par Amyot; avec les notes de Falconnet.
(*Paris*), 1745, *in-12. fig. mar.* r.

1067 Les mêmes Amours pastorales de Daphnis & Chloé ;
trad. du grec de Longus par J. Amyot. (*Paris*,) 1745,
in-4. fig. lav. rég. mar. bl.

1068 Les mêmes Amours pastorales de Daphnis & de Chloé,
par Longus; double Traduction du grec en françois par
Amyot & un anonyme, avec les Estampes originales d'Au-
dran. *Paris*, 1757, *in-4. gr. pap. mar.* r.

1069 De Clitophontis & Leucippes Amoribus Libri octo,
gr. & lat. ex edit. Cl. Salmasii. *Lugd. Batav.* 1640, 2
vol. in-12. mar. r.

1070 Les Amours d'Ismene & d'Isménias, trad. du grec
d'Eustathe par de Beauchamps. *Amst.* 1729, *in-12. fig.
v. f.*

1071 Les mêmes Amours d'Ismene & d'Isménias. *La Haye*
(*Paris*) 1743, *in-12. fig. mar.* r.

Romans d'Amour Italiens & Espagnols.

1072 Il Congresso di Citera. *In Parigi*, 1756, *in-12.*

1073 Adrienne, ou les Aventures de la Marquise de N. N.
trad. de l'italien. *Paris*, 1768, 2 *vol. in-12.*

1074 Persile & Sigismonde, Histoire Septentrionale, tirée
de l'espagnol de Michel de Cervantes (par Madame le
Givre de Richebourg.) *Amst.* 1740, 4 *vol. in-16.*

Romans d'Amour François.

1075 Le Lit d'Honneur de Chariclée, où sont introduites
les infortunées & tragiques Amours du Comte de Melisse,
par Jean d'Intras. *Paris*, 1609, *in-12. f. d.*

1076 L'Astrée d'Honoré d'Urfé, avec les suites & conclu-
sions de Baro. *Paris*, 1612, 5 *vol. in-8. v. f.*

1077 Le Mélante du sieur Videl, contenant diverses Aventures amoureuses du temps. *Paris*, 1624, 2 *vol. in-12.
f. d.*

1078 Le même. *Ibid. relié en un seul vol. mar.* r.

1079 Les Amours d'Aristandre & de Cléonice, par le sieur
d'Audiquier. *Paris*, 1626, *in-8. v. f. f. d.*

1080 Zaïde, Histoire Espagnole, par de Segrais. *Paris*,
1764, 2 *vol. in-12.*

E iij

1081 La même Zaïde, avec un Traité de l'Origine des Romans, par Huet. *Paris*, 1764, 2 *vol. in*-12. *v. j. f. d.*

1082 Voyage de Campagne, par la Comtesse de Murat. *Paris*, 1699, 2 *vol. in*-12. *f. d.*

1083 Le Roman Bourgeois, par de Furetiere. *Nancy*, 1712, *in*-12. *fig.*

1084 Le Temple de Gnide, par L. Secondat de Montesquieu; avec figures gravées par N. Le Mire, d'après les desseins de Ch. Eisen; le texte gravé par Drouet. *Paris*, 1772, *in*-8. *v. éc. d. f. tr.*

1085 La Saxe galante. *Amst.* 1734, *in*-12. *f. d.*

1086 La Vie de Marianne, par Carlet de Clamblain de Marivaux. *Paris*, 1731, 4 *vol. in*-12. *v. m.*

1087 La Paysanne parvenue, par M. le Chevalier de Mouhy. *Paris*, 1735, 4 *vol. in*-12. *v. f.*

1088 La Mouche, ou les Aventures de Bigand, par le même. *Paris*, 1738, 8 *part. en* 2 *vol. in*-12.

1089 Egaremens du Cœur & de l'Esprit, ou Mémoires de Meilcour, (par Crébillon, fils.) *Paris*, 1736, *in*-12. *f. d.*

1090 Lettres de la Marquise de M * * *, au Comte de R * * *; par Crébillon, fils. *La Haye (Paris)*, 1746, *in*-12. *d. f. tr.*

1091 Mirizida, Princesse de Firando; (par Du Hautchamp.) *Paris*, 1738, 3 *vol. in*-12.

1092 Les Nones galantes, ou l'Amour embéguiné. *La Haye*, 1740, *in*-12. *f. d.*

1093 Lettres de Thérese, ou Mémoires d'une jeune Demoiselle de Province pendant son séjour à Paris; (par de la Garde.) *La Haye (Paris)* 1740, 3 *vol. in*-12. *d. f. tr.*

1094 Mémoires de la Comtesse de * * *, écrits par elle-même. *La Haye (Paris)* 1744, *in*-12.

1095 Mémoires de Madame de Saldaigne. *Londres (Paris)*, 1745, *in*-12.

1096 Mémoires de Cécile, par M. de la Place. *Paris*, 1751, 2 *vol. in*-12. *v. m.*

1097 Lettres d'une Péruvienne, (par Madame de Graffigny.) (*Paris*,) 1751, *in*-12. *d. f. tr.*

1098 Les mêmes. (*Ibid.*) *in*-12. *f. d.*

1099 Les mêmes Lettres d'une Péruvienne, avec la traduction italienne de Deodati. *Paris*, 1759, 2 *vol. in*-12. *mar. r.*

1100 Les Erreurs de l'Amour-propre, ou Mémoires de

Mylord D....., par M. de la Place. *Londres* (*Paris*),
1754, *in-12. f. d.*

1101 Carmentiere, ou les Engagemens rompus par l'Amour.
Amst. (*Paris*), 1754, *in-12.*

1102 Lettres d'une Turque à Paris, par Poullain de Saintfoix. *Amst.* 1730, *in-12. mar. r.*

1103 Lettres Turques, par Poullain de Saintfoix. *Amsterd.*
(*Paris*), 1754, *in-12.*

1104 Les faux Pas, ou les Mémoires de la Baronne de ***.
(*Paris*), 1755, *in-12.*

1105 Daïra, Histoire Orientale, par M. de la Popeliniere.
Paris, 1761, 2 *tom. en un vol. in-12.*

1106 Mémoires du Marquis de Solanges. *Paris*, 1766,
in-12.

1107 Le Mariage du siecle, ou Lettres de la Comtesse de
Castelli, par M. Contant d'Orville. *Paris*, 1766, 2 *vol.
in-12.*

1108 Histoire de Miss Honora, ou le Vice dupe de lui-
même. *Paris*, 1766, 2 *vol. in-12.*

1109 Lettres de la Comtesse de Sancerre, par Madame
Riccoboni. *Paris*, 1767, *in-12.*

1110 Mémoires de Mademoiselle de Valcourt. *Paris*, 1767,
2 *vol. in 12.*

1111 Nicole de Beauvais, ou l'Amour vaincu par la recon-
noissance, par Madame Robert. *Paris*, 1767, 2 *vol. in-12.*

1112 Histoire d'Amandé, écrite par une jeune femme. *Paris*,
1768, 2 *vol. in-12.*

1113 Histoire de Sophie de Francourt. *Paris*, 1768, 2 *vol.
in-12. fig.*

1114 Histoire de Mademoiselle de Terville, par Madame de
Puisieux. *Paris*, 1768, 2 *vol. in-12.*

1115 Histoire de Madame d'Erneville, écrite par elle-même.
Paris, 1768, 2 *vol. in-12.*

1116 Iphis & Aglae. *Paris*, 1768, 2 *vol. in-12.*

1117 Confessions de Mademoiselle de Mainville. *Paris*, 1769,
3 *vol. in-12.*

1118 La Pariséide, ou Paris dans les Gaules, par M. Dau-
court. *Paris*, 1773, *in-8.*

Romans de Chevalerie.

1119 Amadis des Gaules, abrégé par Mademoiselle de Lubert
& le Marquis de Surgeres. *Amst.* (*Paris*), 1750, 4 *vol.
in-12.*

1120 Hiſtoire de Don Quichotte de la Manche, trad. de l'Eſpagnol de Michel de Cervantes avec les ſuites, par Filleau de Saint-Martin & le Sage. *Paris*, 1733, 14 *vol. in*-12.

1121 La même hiſtoire de Don-Quichotte de la Manche, avec les ſuites. *Paris*, 1741, 14 *vol. in*-12. *fig.*

1122 Les principales Avantures de Don-Quichotte, repréſentées en fig. par Coypel, Picart, &c. *La Haye*, 1746, *in*-4. *v. éc. f. d. ſ. t.*

1123 Il Caloandro fedele di Gio. Ambroſio Marini. *In Venezia*, 1758, 3 *vol. in*-12.

1124 Le Caloandre fidele, trad. de l'Italien d'Ambroiſe Marini, par le Comte de Caylus. *Amſt.* (*Paris*), 1740, 3 *vol. in*-12. *fil. d.*

1125 Le Gare de Diſperati, Iſtoria favoleggiata da Gio. Ambroſio Marini. *In Venezia*, 1758, *in*-12.

1126 Les Déſeſpérés, Hiſtoire héroïque, trad. de l'Italien de Marini. *Paris*, 1732, *in*-12. *f. d.*

Romans Héroïques.

1127 Hiſtoire Négré - Pontique, contenant la vie & les amours d'Alexandre Caſtriot, arriere neveu de Scanderbeg, par J. Baudoin. *Paris*, 1631, *in* 8. *mar. bl.*

1128 Caſſandre, par de la Calprenede. *Paris*, 1642, 10 *vol. in*-8. *f. d. le tom.* 3 *manque.*

1129 Cléopâtre, par de la Calprenede. *Paris*, 1646, 12 *vol. in*-8. *f. d.*

1130 Pharamond, par de la Calprenede, continué par P. d'Ortigue de Vaumoriere. *Paris*, 1661, 12 *vol. in*-8. *v. f. f. d.*

1131 La Prazimene, par le Maire. *Paris*, 1643, 4 *vol. in*-8. *mar. r.*

1132 La Cytherée, par Gomberville. *Paris*, 1644, 6 *vol. in*-8. *f. d.*

1133 Polexandre, par Gomberville. *Paris*, 1645, 4 *vol. in*-8. *mar. r.*

1134 La Carithée, par le Roi de Gomberville. *Paris*, *in*-8. *v. f. ſans titre.*

1135 Berenger, Comte de la Mark, par le ſieur Bonnet. *Paris*, 1645, 6 *vol. in*-8. *v. f. f. d.*

1136 Le Toledan, ou Don-Juan d'Autriche, fils naturel de

Charles-Quint, par D. L. C. *Ruoen*, 1647, 5 *vol. in-8.*
mar. r.

1137 Florigenie, ou l'illuftre Victorieufe, par de la Motte
du Broquart. *Paris*, 1647, *in 8. mar. bleu.*

1138 Artamene, ou le Grand Cyrus, par de Scudery.
Paris, 1653, 10 *tom. in-8. rel. en* 30, *f. d.*

1139 Tarfis & Zélie, (par l'Abbé Le Vayer.) *Paris*, 1669,
6 *vol. in-8. mar. r.*

1140 La Cour du Soleil, par M. Guer, *in-fol. Manufc.*

Romans Hiftoriques.

1141 Les Belles Grecques, ou l'Hiftoire des plus fameufes
Courtifanes de la Grèce, par Madame Durand. *Paris*,
1736, *in-12. v. f.*

1142 Les Belles Grecques, ou l'Hiftoire des plus fameufes
Courtifannes de la Grèce, (par Madame Durand.) —— Dialogues des Galantes modernes. —— La Vengeance contre
foi - même, & le Chat amoureux, Contes en vers, par
M. D.... 1712, *in-12. f. d.*

1143 Hiftoire fecrette des Femmes galantes de l'Antiquité.
Paris, 1745, 6 *vol. in-12.*

1144 L'Hiftoire & les Amours de Sapho de Mytilène. *Paris*,
1724, *in-12. v. f. f. d.*

1145 La même, *ibid. in-12.*

1146 La Ducheffe d'Eftramène. *Paris*, 1683, 2 *vol. in-12.*

1147 Guftave Vafa, Hiftoire de Suède. *Paris*, 1725, *in-12.*
f. d.

1148 Diane de Caftro. *Paris*, 1728, *in-12. v. f.*

1149 Hiftoire de la Comteffe de Gondez, par Mademoifelle
de Luffan. *Paris*, 1725, 2 *vol. in-12. f. d.*

1150 Anecdotes de la Cour de Philippe-Augufte, par Mademoifelle de Luffan. *Paris*, 1733, 6 *vol. in-12. f. d.*

1151 Les mêmes. *Paris*, 1738, 6 *vol. in-12.*

1152 Anecdotes de la Cour de François premier, par Mademoifelle de Luffan. *Londres.* (*Paris.*) 1748, 3 *vol. in-12.*
v. f. d. f. tr.

1153 Les mêmes Anecdotes. *Ibid.* 3 *vol. in-12.*

1154 La Princeffe de Cleves, (par François VI, Duc de la
Rochefoucault, la Comteffe de la Fayette, & Jean Renaud
de Segrais.) *Paris*, 1719, *in-12. f. d.*

1155 La même Princeffe de Cleves. *Paris*, 1764, 2 *vol. in-12.*

1156 Lettres à Madame la Marquife de .... fur le fujet de la

Princesse de Cleves, (par le Pere Bouhours.) *Paris*, 1678, *in-12. v. f.*

1157 Histoire de Madame de Luz, par Duclos. *La Haye.* (*Paris.*) 1741, *in-12. v. m.*

1158 Le Siege de Calais, Nouvelle historique, par Madame de Tencin. *La Haye.* (*Paris.*) 1739, 2. *vol. in-12.*

1159 Le même. *Ibid. in-12.*

1160 Le même. *Ibid in-12· v. f.*

1161 Histoire du Comte d'Oxfort & de Miledy d'Herby, & d'Eustache de S. Pierre & de Beatrix de Guinés. *Paris*, 1737. —— L'Illustre Esclave. *La Haye*, 1746, *in-12.*

1162 Mémoires de Rantzi. *La Haye.* (*Paris.*) 1747, *in-12. v. f. f. d.*

1163 Mémoires du Chevalier de Gonthier, par M. de la Croix. *Paris*, 1766, *in-12.*

1164 Le Comte de Comminge, ou les Amans malheureux, par M. d'Arnaud. Paris, 1768, *in-8. fig. fil. d.*

Romans Moraux & Politiques.

1165 Erasto, & i suoi compassionevoli Avvenimenti che gli Successero. Opera dotta & morale di Greco tradotta. *In Vinegia*, 1565, *in-16. v. f.*

1166 Histoire pitoyable du Prince Erastus. *Paris*, 1587, *in-12. f. d.*

1167 Les Aventures de Télémaque, par Fr. de Salignac, de la Mothe Fénelon. *Amst.* 1734, *in-4. mar. r. fig.*

1168 Les mêmes Aventures de Télémaque. *Ibid.* 1734, *in-4. fig. mar. r.*

1169 Les mêmes. *Paris*, 1757, 2 *vol. in-12.*

1170 Les Voyages de Cyrus, avec un Discours sur la Mythologie, par Ramsay. *Paris*, 1753, 2 *vol. in-12.*

1171 Le Repos de Cyrus, ou l'Histoire de sa Vie, depuis sa seizieme jusqu'à sa quarantieme année, (par Pernety.) *Paris*, 1732, *in-8. f. d.*

1172 Suite de la nouvelle Cyropédie, ou Réflexions de Cyrus sur ses Voyages. *Amst.* 1728, *in-8.*

1173 Le Philosophe Anglois, ou Histoire de Cléveland, par l'Abbé Prevost. *Paris*, 1731, 8 *vol. in-12. v. m.*

1174 Le Doyen de Killerine, par le même. *Paris*, 1735, 6 *vol. in-12.*

1175 Mémoires & Aventures d'un Homme de Qualité, par le même. *Paris*, 1729, 7 *vol. in-12. f. d.*

1176

1176 Les mêmes Mémoires d'un Homme de Qualité. *Paris*, 1756, 6 *vol. in-12.*

1177 Mémoires pour servir à l'Histoire de Malthe, ou Histoire de la Jeunesse du Commandenr de ***, (par le même.) *Amst.* (*Paris*), 1741, *in-12. f. d.*

1178 Mémoires pour servir à l'Histoire des Mœurs du dix-huitieme siecle, par Duclos. (*Paris*,) 1751, *in-12.*

1179 Les Confessions du Comte de ***, par Duclos. *Amst.* (*Paris*), 1767, *in-12.*

1180 Contes Moraux, par M. Marmontel. *Paris*, 1761, 2 *vol. in-12. v. éc.*

1181 Les mêmes Contes Moraux. *Paris*, 1765, 4 *vol. in-8. fig. v. m. f. d.*

1182 Candide, ou l'Optimisme, (par de Voltaire.) 1759, *in-12. mar. vert.*

1183 Le Huron, ou l'Ingénu, par le même. *Lausanne*, 1767, *in-12. v. m.*

1184 Julie, ou la nouvelle Héloïse; par J. J. Rousseau. *Amst.* 1761, 6 *vol. in-12. fig. v. éc. f. d.*

1185 Histoire d'Agathon, ou Tableau philosophique des Mœurs de la Grece; imité de l'allemand de Wieland. *Paris*, 1768, 2 *vol. in-12.*

Romans critiques, satyriques.

1186 Le Diable boiteux, par Alain-Réné Le Sage. *Paris*, 1756, 3 *vol. in-12. v. f.*

1187 Histoire de Gil Blas de Santillane, par le même. *Paris*, 1759, 5 *vol. in-12. fig.*

1188 La même Histoire de Gil Blas. *Paris*, 1771, 4 *vol. in-12. fig. v. f. f. d.*

1189 La Raison en délire, ou les Sages du siecle. *Amst.* (*Paris*), 1768, 3 *vol. in-12.*

Romans Anglois.

1190 Paméla, ou la Vertu récompensée; trad. de l'anglois de Richardson. *Londres* (*Paris*), 1742, 4 *vol. in-12.*

1191 La même Paméla. *Ibid.* 4 *tom. en 2 vol. in-12. f. d.*

1192 Histoire du Chevalier Grandisson, trad. de l'anglois de Richardson par l'Abbé Prevost. *Amst.* (*Paris*), 1755, 4 *vol. in-12.*

1193 Aventures de Roderik Random, trad. de l'anglois de

Fielding, par Hernandez & Puyſieux. *Londres (Paris)*;
1761, 3 *vol. in-12. fig. v. f.*

1194 Mémoires de Miſſ Sidney Bidulph, trad. de l'anglois.
Amſt. 1762, 3 *vol. in-12.*

1195 Ophélie, Roman, trad. de l'anglois. *Amſt. (Paris)*,
1763, 2 *vol. in-12.*

1196 Mémoires du Nord, ou Hiſtoire d'une Famille d'E-
coſſe; trad. de l'anglois. *Paris*, 1766, 2 *vol. in-12.*

1197 La Deſtinée, ou Mémoires du Lord Kilmarnoff, trad.
de l'anglois par M. Contant d'Orville. *Paris*, 1766, *in-12.*

1198 Tom Jones, ou l'Enfant Trouvé; imitation de l'anglois de Fielding, par M. de la Place. *Paris*, 1767, 4 *vol.*
in-12. fig. v. f. d. ſ. tr.

1199 Les Freres, ou Hiſtoire de Miſſ Oſmond; trad. de
l'anglois par Madame de Puyſieux. *Paris*, 1766, 2 *vol.*
in-12.

1200 La Campagne, Roman, trad. de l'anglois par M. de
Puyſieux. *Paris*, 1767, 2 *vol. in-12.*

1201 La Famille vertueuſe; Lettres trad. de l'anglois, par
M. de la Bretone. *Paris*, 1767, 4 *vol. in-12.*

1202 Oronoko, ou le Prince Negre; imitation de l'anglois
par M. de la Place. *Paris*, 1769, *in-12. v. éc. d. ſ. tr.*

Contes des Fées.

1203 Les Contes des Fées de Madame d'Aulnoy. *Paris*,
1757, 4 *vol. in-12.*

1204 Les mêmes Contes des Fées. *Paris*, 1774, 4 *vol.*
in-12. v. f. f. d.

1205 Œuvres du Comte Antoine Hamilton. *Utrecht (Paris)*, 1731, 6 *vol. in-12.*

1206 Les mêmes Œuvres du Comte Ant. Hamilton. *(Paris,)* 1762, 6 *vol. in-12.*

1207 Féeries nouvelles, (par le Comte de Caylus.) *La
Haye (Paris)*, 1741, 2 *vol. in-12.*

1208 Les mêmes Féeries nouvelles. *Ibid.* 2 *vol. in-12.*

1209 Contes Orientaux, par le Comte de Caylus. *La Haye
(Paris)*, 1743, 2 *vol. in-12. v. f.*

1210 Les mille & une Nuit, Contes Arabes, traduit par
Galland. *Paris*, 1745, 6 *vol. in-12.*

1211 Les mêmes, *ibid.* 6 *vol. in-12.*

1212 Les mêmes, *ibid.* 6 *vol. in-12. Paris*, 1774, *v. f. f. d.*

1213 Les mille & un Jours , Contes Perſans , trad. par Petis de la Croix. *Paris*, 1710 , 5 *vol. in-12.*

1214 Les mêmes. *Paris , ibid.* 1729, 5 *vol. in-12.*

1215 Les mille & un quart d'Heure, Contes Tartares , par Gueulette. *Paris* , 1753 , 3 *vol. in-12. v. m.*

1216 Les Sultanes de Guzarate, ou les Songes des Hommes éveillés, Contes Mogols, par Gueullette. *Paris*, 1732, 3 *vol. in-12.*

1217 Les Veillées de Theſſalie, par Mademoiſelle de Luſſan. *Paris*, 1741 , 4 *vol. in-12.*

1218 Les mêmes Veillées de Theſſalie, *ibid.* 4 *vol. in-12.*

1219 Lamekis, ou les Voyages extraordinaires d'un Egyptien dans la terre intérieure, par M. le Chevalier de Mouhy. *Paris*, 1737, 8 *part. en 2 vol. in-12.*

1220 Hiſtoire du Prince Soly & de la Princeſſe Feſlée, par Pajon. *Amſt.* (*Paris*) , 1740, *in-12.*

1221 Hiſtoire Japonoiſe, par Crebillon fils. (*Paris*), 1740, 2 *vol. in-12. fig. mar. bl.*

1222 La même Hiſtoire Japonoiſe, *ibid.* 2 *vol. in-12. fig. mar. rouge.*

1223 Conte moral, par Crebillon fils. *Pekin* (*Paris*), 1749, 2 *vol. in-12. fig. f. d.*

1225 Acajou & Zirphile , Conte, par Duclos. (*Paris*), 1744, *in-4. fig.*

1226 Le même , *in-12. fig.*

1227 Gaudriole , Conte. *La Haye*, 1746 , *in-12.*

1228 Grigri, Hiſtoire véritable (par de Cahuſac). (*Paris*), 1749 , *in-12. v. f.*

1229 Mirza & Fatmé, Conte Indien, (par Saurin). *La Haye* (*Paris*), 1754, *in-12.*

1230 Neraïr & Melhoë, Conte. (*Paris*), 1760, 2 *vol. in-12.*

1231 Contes de Madame de Villeneuve. *Paris*, 1765, 5 *part. en 2 vol. in-12.*

1232 Les Contes des Génies, ouvrage trad. du Perſan en Anglois, par Ch. Morell ; & en François ſur la traduct. Angloiſe. *Amſt.* 1766, 3 *vol. in-12. fig. v. m. f. d.*

1233 Le Lord impromptu , nouvelle Romaneſque , par M. Cazot. *Amſt.* (*Paris*), 1767 , *in-12.*

1234 Voyage merveilleux du Prince Fan-Férédin dans la

Romancie, (par le P. Bougeant). *Paris*, 1735, *in-12.*
f. d.

Collections de Romans.

1235 Bibliothéque de Campagne. *Geneve*, 1761, 24 *vol.*
in-12.

1236 La même Bibliothéque de Campagne. *Lyon*, 1766,
24 *vol. in-12. v. éc. f. d.*

1237 Œuvres de (Marie-Cather. Desjardins) de Villedieu.
Paris, 1741, 12 *vol. in-12. v.f.f. d.*

1238 Journées amufantes, par Magdeleine Poiffon de Gomez.
Amft. 1761, 8 *vol. in-12. f. d.*

1239 Amufemens hiftoriques. *Paris*, 1735, 2 *vol. in-12.*

PHILOLOGIE.

CRITIQUES ANCIENS ET MODERNES.

1240 Les Nuits Attiques d'Aulugelle, trad. en françois par
M. l'Abbé de V. *Paris*, 1776, 2 *vol. in-12.*

1241 Réflexions critiques fur la Poéfie & fur la Peinture, par
l'Abbé Dubos. *Paris*, 1747, 3 *vol. in-12.*

1242 Les mêmes Réflexions critiques fur la Poéfie & fur la
Peinture. *Paris*, 1755, 3 *vol. in-4. f. d.*

1243 Chef-d'œuvre d'un Inconnu, par Mathanafius, (The-
mifeul de Saint-Hyacinte). *Londres (Paris)*, 1758, 2 *vol.*
in-12.

1244 Le même Chef-d'œuvre d'un Inconnu. *Ibid.* 2 *vol.*
in-12.

1245 Dictionnaire critique, pittorefque & fentencieux, pro-
pre à faire connoître les ufages du fiecle & fes bifarreries,
(par M. de Caraccioli.) *Lyon*, 1768, 3 *vol. in-12.*

1246 Les Grands Hommes vengés, ou Examen des jugemens
portés par M. de Voltaire & par quelques autres Philofo-
phes, fur plufieurs hommes célebres; par M. des Sablons.
Lyon, 1769, 2 *vol. in-12.*

1247 Mémoires philofophiques du Baron de ***, par M. l'Abbé
de Crillon. *Paris*, 1777, *in-8. fig. v. f.*

SATYRES, INVECTIVES, DÉFENSES, APOLOGIES, &c.

1248 Traduction entiere de Pétrone, avec des remarques;

par Fr. Nodot, fur le Manufc. trouvé à Belgrade en 1688.
Cologne. (*Grenoble*.) 1694, 2 *vol. in-8. fig. v. m. f. d.*

1249 Pétrone latin & françois, trad. par Nodot. *Amfterd.*
(*Trevoux*.) 1756, 2 *vol. in-12 fig.*

1250 Satyre de Pétrone, par de Boifpréaux (Desjardins.)
La Haye. (*Paris*.) 1742, 2 *tom. en un vol. in-8. mar. r.*

1251 Della famofiffima Compagnia della Lefina, Dialogo,
Capitoli, Ragionamenti. *In Venetia*, 1547, *in-8. mar. r.*

1252 La fameufe Compagnie de la Léfine, trad. de l'Italien.
Paris, 1604, 2 *vol. in-12.*

1253 La même. *Paris*, 1617, *in-12. velin.*

1254 La Contre-Léfine; ou Difcours, Conftitutions & Louan-
ges de la Libéralité, trad. de l'Italien. *Paris*, 1618, 2. *vol.*
in-12.

1255 Mondi Celefti, Terreftri, & Infernali de gli Academici
Pellegrini compofti dal Doni. *In Vinegia*, 1567, *in-8. mar. r.*

1256 Le Maftigophore, ou Précurféur du Zodiaque, auquel
par maniere Apologetique font brifées les brides à veaux de
Me Juvain Solanicque, Pénitent repenti ; trad. de lat. en
fr. par Victor Grevé 1609. —— Inftruction à la France fur la
vérité de l'Hiftoire des Freres de la Rofe - Croix, par G.
Naudé. *Paris*, 1623, *in-8.*

1257 Retorica delle Monache, Arte de loro inganni, norma
de Semplici, e Specchio d'Imprudenti. 1672, *in-8. v. m.*

1258 Le Conte du Tonneau, trad. de l'Anglois de Swift. *La*
Haye. (*Trevoux*.) 1757, 3 *vol. in-12.*

1259 Les Sotifes du Temps, ou Mémoires ponr fervir à l'Hiftoire générale & particuliere du genre humain ; Ouvrage
critique, moral, badin, férieux, amufant & inftructif, &c.
La Haye, 1754, *in-12.*

1260 Encomium Moriæ : Stultitiæ Laudatio, Defid. Erafmi
Declamatio. *Parifiis. Barbou*, 1765, *in-12*, *v. m. dor. f. tr.*

1261 Eloge de la Folie, trad. du latin d'Erafme par Pierre
Gueudeville, avec des notes & les figures de Holbein.
Amft. 1731, *in-8. f. d.*

1262 Le même Eloge de la Folie. (*Paris*.) 1751, *in-4. fig.*
v. ecc. f. d.

1263 Le même Eloge de la Folie. (*Paris*.) 1757, *in-12. fig.*
v. ecc. d. f. tr.

Dissertations singulieres, philologiques, critiques, allégoriques & enjouées ; comme aussi les Traités critiques & apologétiques sur les prérogatives de l'un & de l'autre Sexe.

1264 Nugæ Venales, sive Thesaurus ridendi & jocandi. 1648, *in-12.*

1265 Les Yeux, le Nez & les Tetons ; Ouvrages curieux, galans & badins composés pour le divertissement d'une certaine Dame de qualité, par J. P. N. du C... dit V. *Amsterd.* 1735, *in-12.*

1266 Mémoires de l'Académie de Troyes. *Paris,* 1756, 2 *tom. en un vol. in-12.*

1267 L'Art de Peter, Essai Théori-Physique & Méthodique, 1776, *in-12.*

1268 Laus Ululæ, Authore Curtio Jaele. *Claucopoli, in-24.*

1269 Laus Asini. *Lud. Bat. ex officinâ Elzevirianâ,* 1629, *in-24. mar. r.*

1270 Eloge de l'Yvresse, par de Sallengre. *Leide,* 1715, *in-12. v. m. f. d.*

1271 Gli Asolani di Pietro Bembo. *In Vinegia,* 1558, *in-12. v. f.*

1272 Hippolitus redivivus, id est, Remedium contemnendi Sexum muliebrem. 1644, *in-12. v. f.*

1273 Dialogo nel quale si ragiona della bella Creanza delle Donne. *In Venetia Farri, in-12. v. f.*

Gnomiques ; ou Sentences, Apophtegmes, Adages, Proverbes & Collections des bons Mots, avec ceux qui ont paru sous des titres en Ana.

1274 Les Apophtegmes des Anciens, tirés de Plutarque, &c. par Perrot d'Ablancourt. *Paris,* 1664, *in-12. v. ecc. f. d.*

1275 Proverbiorum Arabicorum Centuriæ duæ, cum lat. Interpret. & Scholiis Jos. Scaligeri & Th. Erpenii. *Leidæ,* 1614, *in-4. mar. r.*

1276 Bonne Réponse à tous propos, Livre fort plaisant & délectable, auquel est contenu grand nombre de Proverbes & Sentences joyeuses de plusieurs matieres, desquelles par honnêteté on peut user en toute compagnie ; trad. de l'italien en françois. *Lyon,* 1567, *in-8. f. d.*

1277 La Gallerie des Curieux, contenant en divers Tableaux les chefs-d'œuvres des plus excellens Railleurs de ce siecle ; par Gerard Bon-Temps. *Paris,* 1645, *in-12. mar. r.*

1278 Les nouveaux Oracles divertiſſans, où les Curieux trou-
veront la réponſe agréable des demandes les plus divertiſ-
ſantes pour ſe rejouir dans les Compagnies. *Paris, in-12.*
v. f.
1279 Menagiana. *Paris, 1729, 4 vol. in-12.*

POLYGRAPHIE.

POLYGRAPHES ANCIENS ET MODERNES.

1280 Les Eſſais de Michel de Montaigne. *Amſt. Michiels.*
1659, 3 vol. in-12. mar. bl. fermoirs d'argent.
1281 Les mêmes Eſſais de Michel de Montaigne, avec les
remarques de P. Coſte. *Londres, 1724, 3. vol. in-4. v. ecc.*
f. d.
1282 Les mêmes Eſſais de Montaigne. *Ibid. 1724, 3 vol. in-4.*
1283 Les mêmes Eſſais de Montaigne. *Londres (Paris.) 1754,*
10 vol. in-12.
1284 Les mêmes *Londres, (Lyon.)1769, 10 vol. in-12.*
1285 Œuvres diverſes de Balzac. *Amſt. Elzevir, 1664, in-12.*
1286 Œuvres de Blaiſe Paſcal. *La Haye, (Paris.) 1779,*
6 vol. in-8. mar. bl.
1287 Les Œuvres de Paul Scarron. *Paris, 1719, 10 vol. in-12.*
1288 Œuvres diverſes de Cyrano de Bergerac. *Amſt. 1710,*
2 vol. in-12. fig. v. f.
1289 Les mêmes Œuvres de Cyrano de Bergerac. *Amſterd.*
(Paris.) 1761, 3 vol. in-12.
1290 L'Eſprit de la Mothe Le Vayer. *(Paris.) 1763, in-12.*
f. d.
1291 Les Œuvres de Voiture. *Paris, 1745, 2 vol. in-12.*
1292 Voyage de Chapelle & Bachaumont, avec les Poëſies
du Chevalier d'Aceilly. *Amſt. (Paris.) 1751, in-12.*
1293 Œuvres de Ch. de Saint-Denis, ſieur de Saint-Evre-
mond. *Paris, 1753, 12 vol. in-12.*
1294 Œuvres de l'Abbé de Saint-Réal. *Amſt. 1740, 6 vol.*
in-12. fig. v. m. f d.
1295 Les mêmes Œuvres de l'Abbé de Saint-Réal. *Paris,*
1745, 3 vol. in-4.
1296 Les mêmes Œuvres de l'Abbé de Saint-Réal. *Paris,*
1757, 8 vol. in-12.
1297 Eſprit de Saint-Réal. *Paris, 1768, in-12. f d.*
1298 Œuvres diverſes de P. Bayle. *La Haye, 1727, 5 vol.*
in-fol. gr. pap. mar. r.

1299 **Les** mêmes Œuvres diverses de P. Bayle. *La Haye,* (*Trévoux*) 1737, 4 *vol. in-fol.*

1300 Œuvres diverses de Paul Pelisson. *Paris,* 1735, 3 *vol. in-12.*

1301 Recueil de pieces fugitives de différens Auteurs, (M. de la Riviere, la Marquise de Lambert). *Rotterdam,* 1743, *in-12. d. f. tr.*

1302 Recueil de différentes choses, par M. de Lassai. (*imprimé au Château de Lassai.*) 1727, *in-4. m. r.*

1303 Le même Recueil. *Lausanne* (*Paris*), 1756, 4 *vol. in-4. v. m.*

1304 Œuvres d'Antoine Houdar de la Motte. *Paris,* 1754, 11 *vol. in-12.*

1305 Les mêmes Œuvres de la Motte. *Ibid.* 11 *vol. in-12. v. éc. d. f. tr.*

1306 Œuvres diverses de Bernard de Fontenelle , édit. augmentée & enrichie de figures gr. par B. Picart. *La Haye,* 1728, 3 *vol. in-fol. mar. r.*

1307 Les mêmes Œuvres de Fontenelle. *Ibid.* 1728, 3 *vol. in-4. fig. de Picart , v. f. f. d.*

1308 Les mêmes Œuvres de Fontenelle. *Paris,* 1752, 8 *vol. in-12.*

1309 Les mêmes Œuvres de Fontenelle. *Paris,* 1758, 10 *vol. in-12. le tom.* 1. *manq.*

1310 Œuvres choisies de Bern. de la Monnoye. *Dijon,* 1770, 3 *vol. in-8. v. m. f. d.*

1311 Les Œuvres de Van-Effen. *Amst.* 1742, 5 *vol. in-12.*

1312 Nouveaux amusemens du cœur & de l'esprit, (par M. Philippe de Pretot.) *Amst.* (*Paris*), 1741, 14 *vol. in-12. v. éc.*

* 1313 Œuvres de Ch. de Secondat de Montesquieu. (*Paris*), 1767, 3 *vol. in-4. v. f. d. f. tr.*

1314 Les mêmes Œuvres de Montesquieu. *Ibid.* 3 *vol. in-4.*

1315 Collection complette des Œuvres de Voltaire. *Geneve,* 1768 , 30 *vol. in-4. fig. v. éc. f. d.*

1316 Œuvres diverses de Voltaire. (*Geneve*), 1769, 20 *vol. in-8.*

1317 Le Porte-Feuille trouvé, de Voltaire, ou Tablettes d'un curieux. *Geneve,* 1757, 2 *vol. in-12.*

1318 Œuvres du Philosophe de Sans-Souci (le Roi de Prusse.) (*Paris*), 1750, 2 *vol. in-8.*

1319 Œuvres de Fr. Aug. de Moncrif. *Paris,* 1751, 3 *vol. in-12. d. f. tr.*

1320

1320 Les mêmes Œuvres de Moncrif. *Paris*, 1768, 4 *vol. in-12.*

1321 Œuvres posthumes de M. d'Ardenne. *Marseille*, 1767, 4 *vol. in-12.*

1322 Le Porte-feuille François, (par M. l'Abbé Sutaine.) *Paris*, 1765, *in-12. v. éc.*

1323 Mélanges d'Histoire de littérature, de critique, &c. par M. Terrasson *Paris*, 1768, *in-12.*

1324 Mélanges de Littérature, d'Histoire & de Philosophie, (par M. d'Alembert.) *Amst.* (*Lyon*), 1759, 5 *vol. in-12.*

1325 Les mêmes Mélanges, de M. d'Alembert. *Ibid.* 1764, 4 *vol. in-12. v. éc.*

1326 Variétés sérieuses & amusantes. *Paris*, 1765, 2 *vol. in-12.*

1327 Recueil d'Instructions & d'Amusemens littéraires. *Amst.* (*Paris*), 1765, *in-12. v. m.*

1328 Les Délassemens champêtres, ou mélanges d'un Philosophe. *La Haye*, (*Paris*), 1767, 2 *vol. in-12.*

1329 Variétés Littéraires, par MM. l'Abbé Arnaud & Suard. *Paris*, 1768, 4 *vol. in-12. v. m.*

1330 Mélanges Historiques, Critiques, de Physique, de Littérature & de Poésie, par M. le Marquis d'Orbessan. *Paris*, 1768, 4 *vol. in-8.*

1331 Bibliothéque de Société, ou Mélanges intéressans de Littérature, de Morale, Historiettes, bons Mots, &c. *Paris*, 1771, 4 *vol. in-12.*

1332 Œuvres complettes de Poullain de Saint-Foix. *Paris*, 1778, 6 *vol. in-8. pap. d'Holl. v. f. f. d.*

1333 Œuvres de J. J. Rousseau. *Geneve*, 1780, 8 *vol. in-4. gr. pap. les 4 premiers v. f. d. f. tr.*

1334 Les Pensées de J. J. Rousseau. *Paris*, 1766, 2 *vol. in-12. v. éc.*

1335 Miscellanea, ou Recueil de différens écrits sur divers sujets, dont le mécanisme du Fluteur Automate par Vaucanson. *Paris*, 5 *vol. in-4.*

1336 Miscellanea, ou Recueil de pieces sur différentes matieres, 40 *vol. in-8.*

1337 Miscellanea, ou Recueil de pieces sur différentes matieres, 44 *vol. in-12.*

1338 Le Opere volgari di M. Jacopo Sanazzaro. *In Padova*, 1723, 2 *vol. in-4. mar. r.*

1339 Prose di M. Agnolo Firenzvola. *In Fiorenza*, 1548, *in-8. vel.*

BELLES-LETTRES.

1340 Opere Scelte di Ferrante Pallavicino. *In Villafranca,* 1673, 2 *vol. in-*12.

1341 Profe & rime di Giovanni della Cafa, corrette per l'Abbate Annib. Antonini. *In Parigi,* 1727, *in-*8. *mar. verd.*

1342 Scelta di Profe e Poefie Italiane. *In Londra,* 1765, *in-*12.

1343 Œuvres complettes d'Alexandre Pope, trad. en franç. *Paris,* 1779, 8 *vol. in-*8. *fig. v. f. f. d.*

DIALOGUES

1344 Dialogues des Morts, par Mylord Lyttleton, trad. de l'Anglois. *Amft.* 1767, *in-*8. *v. m.*

1345 Les Entretiens des Voyageurs fur la mer. *Cologne,* 1715, 4 *vol. in-*12.

EPISTOLAIRES ANCIENS ET MODERNES.

1346 C. Plinii Cæcilii fecundi Epiftolæ. *Lugd. Batav. ex officinâ Elzevirianâ,* 1640, *in-*12. *mar. à comp.*

1347 Œuvres de M. de Sacy, contenant les lettres de Pline, le panégyrique de Trajan, & le Traité de l'Amitié. *Paris,* 1722, *in-*4.

1348 Lettres de Pline le jeune, trad. par de Sacy. *Paris,* 1741, 3 *vol. in-*12.

1349 Les mêmes Lettres de Pline. *Ibid.* 1760, 2 *vol. in-*12.

1350 Lettres de Fr. Rabelais. *Bruxelles,* 1710, *in-*12.

1351 Lettres fur toutes fortes de fujets, tirées des meilleurs Auteurs, avec des notes, par P. Richelet. *Amft.* 1737, 2 *vol. in-*12. *d. f. tr.*

1352 Lettres choifies de Balzac. *Amft. Elfevir,* 1695, *in-*12. *f. d.*

1353 Lettres choifies de Guy Patin. *La Haye,* 1715, 3 *vol. in-*12.

1354 Nouvelles Lettres de Guy Patin. *La Haye,* 1718, 2 *vol. in-*12.

1355 Lettres de Marie de Rabutin Chantal, Marquife de Sevigné. *Paris,* 1738, 7 *vol. in-*12. *f. d.*

1356 Les mêmes. *Ibid.* 7 *vol. in-*12.

1357 Lettres hiftoriques & galantes de Madame Dunoyer. *Londres,* (*Paris*), 1741, 6 *vol. in-*12. *mar. r.*

1358 Lettres Perſannes, par Ch. Secondat de Montesquieu. (*Holl.*) 1735, *2 tom. en un vol. in-12. v. f.*

1359 Lettres de M. l'Abbé le Blanc. *Amſt.* (*Paris*), 1751, 3 *vol. in-12. mar. r.*

1360 Les mêmes Lettres de M. l'Abbé le Blanc. *Lyon*, 1758, *3 vol. in-12. mar. r.*

1361 Lettres du Baron de Bielfeld. *La Haye*, 1763, *2 vol. in-12. f. d.*

1362 Lettere di XIII Huommi illuſtri, da Thomaſo Porcacchi edite. *In Vinetia*, 1565, *in-8. mar. r.*

1363 L'Argute e facete Lettere di Ceſare Rao. *In Venetia*, 1598, *in-12. mar. r.*

1364 Lettere del Cardinal Bentivoglio. *In Colonia*, 1646, *in-8.*

1365 Lettere familiari del Commendatore Annibal Caro. *In Padoua*, 1742, *3 vol. in-8. mar. r.*

1366 Lettres choiſies de Pope, trad. de l'anglois, par M. Genet. *Paris*, 1753, *2 vol. in-12.*

HISTOIRE.

Introductions et Traités préparatoires a l'Histoire.

1367 Physique de l'Hiſtoire, ou Conſidérations générales ſur les principes élémentaires du tempérament & du caractere des Peuples. *La Haye* (*Paris*), 1765, *in-12. f. d.*

1368 L'Hiſtoire des Hiſtoires, avec l'Idée de l'Hiſtoire accomplie, par Lancelot Voeſin de la Popeliniere. *Paris*, 1599, *in-8. v. ſ. ſ. d.*

1369 Traité des différentes ſortes de preuves qui ſervent à établir la vérité de l'Hiſtoire, par H. Griffet. *Liege*, 1769, *in-12.*

GÉOGRAPHIE.

Cosmographie, et Description de l'Univers.

1370 Cours des principaux Fleuves & Rivieres de l'Europe, compoſé & imprimé par Louis XV. *Paris*, 1718, *in-8. mar. r. d. de mar.*

1371 Le Géographe manuel, par M. l'Abbé Expilly. *Paris*, 1774, *in* 12.

1372 Le Parterre géographique & hiftorique, par de Bouis. *Paris*, 1753, *in*-8.

1373 Dictionnaire hiftorique portatif de la Géographie facrée ancienne & moderne. *Paris*, 1759, *in*-8.

1374 Dictionnaire Géographique, par C. Maty. *Amft.* 1701, *in*-4.

1375 Dictionnaire Géographique, hiftorique & critique, par Bruzen de la Martiniere. *Paris*, 1768, 6 *vol. in-fol.*

1376 Dictionnaire Géographique portatif, trad. de l'anglois de L. Echard par Vofgien. *Paris*, 1759, *in*-8.

1377 Dictionnaire portatif, comprenant la Géographie, l'Hiftoire univerfelle, la Chronologie, la Mythologie, la Phyfique, &c. *Avignon*, 1760, 8 *vol. in*-8.

1378 Dictionnaire Géographique portatif de la France. *Paris*, 1765, 4 *vol. in*-8.

1379 Guide des Lettres, contenant l'ordre général du départ & de l'arrivée des Couriers des Poftes dans toutes les Villes de France; par M. Guyot : *in*-4. *gravé.*

1380 Dictionnaire des Poftes, par le même. *Paris*, 1754, *in*-4.

1381 Indicateur fidele pour les routes de la France. *Paris*, Defnos, *in*-18. *mar. r.*

1382 L'Indicateur fidele, ou Guide des Voyageurs, par le fieur Michel. *Paris*, 1764; *in*-4.

DESCRIPTIONS ET CARTES GÉOGRAPHIQUES.

1383 Etrennes Géographiques pour les années 1760 & 1761. *Paris*, 2 *vol. in*-12. *mar. r.*

1384 Atlas hiftorique & géographique, par M. Buy de Mornas. *Paris*, 1762, 6 *vol. in-fol. gr. pap. en cart.*

1385 Carte de la France de M. de Caffini, en cent foixante-quinze feuilles enluminées, colées fur fatin bleu; dans quinze boîtes couvertes en maroquin rouge.

1386 Autre exemplaire de la Carte de la France de M. de Caffini; cent huit feuilles enluminées reliées en 108 vol. *in*-12. *v. m.*

1387 Autre exemplaire de la Carte de la France de M. de Caffini, imprimée fur fatin; foixante quatre feuilles.

1388 Quatorze feuilles enluminées, colées fur fatin; Carte

de la France de M. de Caffini, Route de Paris à Menars ;
dans une boite avec fe moirs d'argent.

1389 Plan de la grande route de Paris à Amboife, & Plan
du chemin d'Orléans à Blois, deffinés & lavés par J. Se-
guin. 1762, 2 *vol. in-4. mar. r.*

1390 Itinéraire portatif d'un arrondiffement de trente à qua-
rante lieues de Paris, par L. Denis. *Paris*, 1776, *in-12.*

1391 Atlas Maritime de toutes les côtes de France, par
M. Bonne. *Paris*, *in-16. mar. r.*

1392 Le Neptune Oriental, par M. d'Aprés de Mannevil-
lette. *Paris*, *in-fol. mar.*

VOYAGES.

Collections de Voyages, & Voyages autour du Monde.

1393 Les Voyageurs modernes, ou Abrégé de plufieurs
Voyages faits en Europe, Afie & Afrique, *Paris*, 1760,
4 *vol. in-12.*

1394 Voyages de La Motraye en Europe, Afie & Afrique.
La Haye, 1727, 3 *vol. in-fol. fig. v. f. d. f. tr.*

1395 Voyage autour du monde, par G. Anfon ; trad. de
l'anglois ; avec le Voyage fait par quelques Officiers com-
mandans le Vaiffeau le Wager. *Amft. & Lyon*, 1749,
2 *vol. in-4. fig. v. f. d. f. tr.*

1396 Le même Voyage, par George Anfon. *Ibid. in-4. fig.*

1397 Relation des Voyages entrepris par ordre de S. M.
Britannique, pour faire des découvertes dans l'Hémifphère
méridional, par les Capitaines Byron, Carteret, Wallis
& Cook ; & rédigée d'après les journaux & papiers de
M. Bancks par Hawkesworth : trad. en françois par
M. Suard. *Paris*, 1774, 4 *vol. in-4. fig. v. f. d. jur tr.*

1398 La même Relation des Voyages de Byron, Carteret,
Wallis & Cook ; trad. de l'anglois. *Paris*, 1774, 4 *vol.
in-4. fig. v. f. f. d.*

1399 Voyage dans l'Hémifphere auftral & autour du monde,
par Jacq. Cook ; trad. de l'anglois par M. Suard. *Paris*,
1778, 5 *vol. in-4. fig. v. f. d. f. tr.*

Voyages en Europe.

1400 Nouveau Voyage de France, géographique, hiftorique
& curieux. *Paris*, 1738, *in-12. fig.*

1401 Mémoires & Lettres du Baron de Pollnitz, contenant les observations qu'il a faites dans ses voyages, & le caractere des principales personnes des Cours de l'Europe. *Londres (Trévoux),* 1747, 5 vol. *in-12.*

1402 Lettres d'un Voyageur Anglois, par Sherlock. *Londres (Paris),* 1779, 1780, 2 vol. *in-8. br.*

1403 Journal du Voyage de Michel de Montaigne en Italie, &c. avec les notes de Meunier de Querlon. *Paris,* 1774, *in-4. gr. pap. v. f.*

1404 Le méme Voyage de Montaigne. *Paris,* 1774, *In-4. gr. pap. d. f. tr.*

1405 Voyage historique d'Italie. *La Haye,* 1729, 2 vol. *in-12. v. m. d. f. tr.*

1406 Voyage d'Italie, par Maximilien Misson. *Amst.* 1743, 4 vol. *in-12. fig.*

1407 Voyage d'Italie, par M. Cochin. *Paris,* 1758, 3 vol. *in-12. mar. r.*

1408 Voyage d'un François (M. de la Lande) en Italie, fait dans les années 1765 & 1766. *Paris,* 1769, 8 vol. *in-12.*

1409 La Promenade utile & récréative de deux Parisiens. *Paris,* 1768, 2 vol. *in-12.*

Voyages en Asie.

1410 Voyages & découvertes faites par les Russes le long des côtes de la Mer Glaciale & sur l'Océan Oriental, trad. de l'allemand de Muller par Dumas. *Amst.* 1766, 2 vol. *in-12. v. f.*

1411 Voyage en Siberie, par l'Abbé Chappe d'Auteroche. *Paris,* 1768, 3 vol. *in-4. gr. pap. fig. v. f. f. d.* avec l'Atlas *in-fol.*

1412 Les Observations de plusieurs singularités & choses mémorables trouvées en Grèce, Asie, Judée, Egypte, Arabie, &c. par P. Belon. *Paris,* 1555, *in-4. fig. mar. r.*

1413 Relation d'un Voyage au Levant, par Pitton de Tournefort. *Paris, de l'Impr. Royale,* 1717, 2 vol. *in-4. fig.*

1414 Voyages de Corneille Le Bruyn au Levant & aux Indes Orientales. *Paris,* 1725, 5 vol. *in-4. fig. v. f. f. d. gr. p.*

1415 Voyages de Chardin en Perse, & autres lieux de l'Orient. *Amst.* 1711, 3 vol. *in-4. fig.*

1416 Les mêmes Voyages de J. Chardin en Perse, & autres lieux de l'Orient. *Amst.* 1735, 4 vol. *in-4. fig. v. f. d. f. tr.*

Voyages en Amérique.

1417 Voyage fait, par ordre du Roi en 1750 & 1751, dans
l'Amérique Septentrionale; par M. de Chabert. (*Paris*),
de l'Impr. Royale, 1753, *in-*4. *mar. r.*

1418 Journal du Voyage fait à l'Equateur, par M. de la Condamine. *Paris, Impr. Royale*, 1751, *in-*4. *fig.*

Voyages Imaginaires.

1419 La Vie & les Aventures surprenantes de Robinson-
Crusoé, trad. de l'anglois, de Fœ. *Amst.* 1721, 3 *vol.*
*in-*12. *mar. r. fig.*

1420 Les mêmes Aventures de Robinson-Crusoé, trad. de
l'anglois. *Paris*, 1761, 3 *vol. in-*12. *fig.*

1421 L'Isle de Robinson - Crusoé, extraite de l'anglois par
M. de Montreille. *Paris*, 1767, *in-*12. *f. d.*

1422 Voyages de Gulliver, trad. de l'anglois de Swift, par
l'Abbé des Fontaines. *Paris*, 1727, 2 *vol. in-*12 *fig.*

1423 Les mêmes Voyages de Gulliver. *Paris*, 1762, 2 *vol.*
*in-*12.

1424 Voyages & Aventures de Jacq. Massé. *Bordeaux*, 1710,
*in-*12.

1425 Le Voyageur Philosophe dans un Pays inconnu aux ha-
bitans de la Terre, par M. de Listonai. *Amst.* 1761, 2 *vol.*
*in-*12. *v. ecc. f. d.*

1426 Voyage de Robertson aux Terres Australes. *Amst.* 1767,
*in-*12.

CHRONOLOGIE.

1427 Chronologie collée, ou Théâtre d'honneur de plusieurs
Princes, Hommes Illustres anc. & mod., faux Dieux, &c.
avec leurs Vies & leurs Portraits, recueillis par Cl. de Vales.
Paris, 1621, 2 *vol. in-fol. gr. p. mar. r.*

1428 L'Art de vérifier les dates des Faits historiques, des
Chartres, des Chroniques & autres anciens Monumens,
depuis la Naissance de J. C., par les Bénédictins. *Paris*,
1770, *in-fol. v. ecc.*

1429 Le même. *Ibid. in-fol.*

Histoire Universelle.

1430 Tablettes Chronologiques de l'Histoire Universelle sacrée & profane, par l'Abbé Lenglet du Fresnoy. *Paris*,
1744, 2 *vol. in-*8.

1431 Abrégé Chronologique de l'Histoire Univerfelle. *Paris*, 1757, *in 8. f. d.*

1432 Juftini Hiftoriarum ex Trogo Pompeio, Lib. XLIV; cum notis Ifaaci Voffii. *Lugd. Batav. Elzevir*, 1640, *in-12. velin.*

1433 Hiftoire Univerfelle de Juftin, trad. par M. l'Abbé Paul. *Paris*, 1774, 2 *vol. in-12.*

1434 Introduction à l'Histoire générale & politique de l'Univers, par Sam. de Puffendorff, continuée par Bruzen de la Martiniere. *Amft.* 1743, 8 *vol. in 12. mar. r.*

1435 Effai fur l'Hiftoire générale, & fur les mœurs & l'efprit des Nations, depuis Charlemagne; par Voltaire. *Genéve*, 1761, 8 *vol. in 8. v. m.*

1436 Hiftoire générale des Guerres, par M. le Chevalier d'Arcq. *Paris*, *de l'Impr. Royale*, 1756, 2 *vol. in-4. mar. r.*

HISTOIRE ECCLÉSIASTIQUE.

HISTOIRE ECCLÉSIASTIQUE DU VIEUX ET DU NOUVEAU TESTAMENT.

1437 Hiftoire du Peuple de Dieu, depuis la Naiffance du Meffie jufqu'à la fin de la Synagogue; par le Pere Ifaac Berruyer, *La Haye.* (*Paris.*) 1753, 8 *vol. in-12. d. f. tr.*

1438 La même Hiftoire du Peuple de Dieu. *Ibid.* 8 *vol. in-12. v. f. d. f. tr.*

1439 Abrégé Chronologique de l'Hiftoire Eccléfiaftique (par M. Macquer.) *Paris*, 1757, 2 *vol. in 8. v. m.*

1440 Le même Abrégé de l'Hiftoire Eccléfiaftique. *Ibid.* 2 *vol. in-8. d. f. tr.*

HISTOIRE DES CONCILES.

1441 Dictionnaire portatif des Conciles. *Paris*, 1764, *in-8.*

1442 Hiftoire du Concile de Trente, écrite en italien par Fra-Paolo, Sarpi, trad. en fr. avec des notes par P. Fr. Le Courayer. *Bafle*, 1738, 2 *vol. in-4. v. f.*

HISTOIRE DES PAPES.

1443 La Vie du Pape Sixte V, trad. de l'Italien de Gregorio Leti. *Paris*, 1731, *in-4.*

1444 Hiftoire du Pontificat de Paul V. *Amft.* (*Paris.*) 1765, 2 *vol. in-12. v. ecc. f. d.*

1445

̓OIRE GÉNÉRALE DES ORDRES MONASTIQUES, RELIGIEUX ET MILITAIRES.

1445 Histoire des Ordres Monastiques, Religieux & Militaires, par le P. Helyot. *Paris*, 1714, 8 *vol. in-4. fig. v. f.*

1446 Histoire impartiale des Jésuites (par M. Linguet. (*Paris*) 1768, 2 *vol. in-12. v. m.*

1447 Histoire de tous les Ordres Militaires ou de Chevalerie, avec les fig. de Schoonebeek. *Amst.* 1699, 2 *vol. in-12.*

1448 Statuts de l'Ordre de S. Michel. *Paris, de l'Impr. Roy.* 1725, *in-4.*

1449 Les Statuts de l'Ordre du Saint-Esprit. *Paris, de l'Impr. Royale,* 1703, *in-4. mar. r.*

1450 Les mêmes. *Ibid.* 1740, *in-4. mar. r.*

1452 Catalogue des Chevaliers, Commandeurs & Officiers de l'Ordre du S. Esprit. *Paris,* 1760, *in-fol. gr. p. v. m. d. f. tr.*

1453 Les Fonctions des grands Officiers de l'Ordre du Saint-Esprit, Cérémonies, &c. avec une Table manusc. — L'Office des Chevaliers de l'Ordre du S. Esprit. *De l'Impr. Roy.* 1740, *in-12. mar. r.*

VIES DES SAINTS.

1454 Invocation & Imitation des Saints pour tous les jours de l'année (vulgairement appellée *Vies des Saints, de Sebastien Le Clerc.*) par l'Abbé Giraud. *Paris,* 1686, 4 *vol. in-16. fig. de Le Clerc, mar. r.*

HISTOIRE GÉNÉRALE DES RELIGIONS, SECTES, HÉRÉSIES ET INQUISITIONS.

1455 La Porte ouverte pour parvenir à la connoissance du Paganisme caché, par Abr. Roger, avec des remarques, trad. en fr. par Th. La Grue. *Amst.* 1670, *in-4. fig. v. f. f. d.*

1456 Mémoires pour servir à l'Histoire des égaremens de l'Esprit humain par rapport à la Religion Chrétienne, ou Dictionnaire des Hérésies, par M. l'Abbé Pluquet. (*Paris*) 1762, 2 *vol. in-8.*

1457 Cérémonies, Mœurs & Coutumes religieuses de tous les Peuples du monde, représentées en 243 figures dessinées par Bernard Picard, avec des Explications historiques ; par l'Abbé Banier & par l'Abbé Le Mascrier. *Paris,* 1741, 7 *vol. in-fol.*

M

1458 Dictionnaire historique des Cultes Religieux établis dans le monde. *Paris*, 1770, 3 *vol. in-8. fig.*

1459 Le même Dictionnaire des Cultes Religieux. *Paris*, 1777, 3 *vol. in-8. fig.*

1460 Mémoires pour servir à l'Histoire de la Fête des Foux, par Du Tillot. *Lausanne. (Paris)* 1751, *in-12. fig.*

1461 Mémoires de Gaudence de Luques. *Amst. (Paris),* 1753, 2 *vol. in-12. fig. mar. r.*

HISTOIRE PROFANE DES MONARCHIES ANCIENNES.

HISTOIRE DES JUIFS, DES EGYPTIENS, &c.

1462 Histoire des Juifs & des Peuples voisins, depuis la décadence des Royaumes d'Israel & de Juda jusqu'à la mort de J. C., trad. de l'Anglois de Prideaux. *Amst.* 1744, 2 *vol. in-4. fig. v. f.*

1463 Abrégé chronologique de l'Histoire des Juifs. *Paris*, 1759, *in 8. v. m.*

1464 Histoire Ancienne, par Ch. Rollin. *Paris*, 1733, 13 *vol. in-12. v. f f. d.*

1465 Abrégé chronologique de l'Histoire Ancienne des Empires & des Républiques, par M. Lacombe. *Paris*, 1757, *in 8. f. d.*

1466 L'Egypte ancienne, par M. d'Origny. *Paris*, 1762, 2 *vol. in-12. v. f. d. f. tr.*

HISTOIRE GRÉCQUE.

1467 Pausanias, ou Voyage historique de la Grèce, trad. en franç. avec des remarques, par l'Abbé Gédoyn. *Paris*, 1731, 2 *vol. in-4. v. m.*

1468 Les Histoires d'Hérodote, trad. par du Ryer. *Paris*, 1713, 3 *vol. in-12. f. d.*

1469 Histoire Universelle de Diodore de Sicile, trad. en franç. par l'Abbé Terrasson. *Paris*, 1737, 7 *vol. in-12. v. m.*

1470 Observations sur l'Histoire de la Grèce, par M. l'Abbé de Mably. *Geneve, (Paris),* 1766, *in-12. v. m.*

1471 Q. Curtii Rufi de rebus gestis Alexandri Magni libri X. *Parisiis, Barbou,* 1757, *in-12. v. m. d. f. tr.*

1472 Histoire de Philippe & d'Alexandre, par M. de Bury. *Paris*, 1760, *in*-4.

1473 Lacédémone ancienne & nouvelle, où l'on voit les mœurs & les coutumes des Grecs modernes, des Mahométans & des Juifs du pays, par la Guilletiere. *Paris*, 1689, 2 *vol. in*-12. *f. d.*

HISTOIRE ROMAINE.

1474 La République Romaine, ou plan général de l'ancien Gouvernement de Rome, par M. de Beaufort. *La Haye*, 1766, 2 *vol. in*-4. *v. m. f. d.*

1475 Titi-Livii Historiarum quod extat ex recensione Gronovii, *Amst. Dan. Elzevir.* 1678, *in*-12. *vel.*

1476 Ejusdem Titi-Livii Historiarum libri qui extant. interpret. & notis illustravit Jo. Dujatius, in usum Delphini. *Parisiis*, 1679, 6 *vol. in*-4. *v. m. f. d.*

1477 C. Velleii Paterculi Historiæ Romanæ libri II, accurante Steph. And. Philippe. *Parisiis, Barbou*, 1754, *in*-12. *v. m. d. f. tr.*

1478 Abrégé de l'Histoire Grecque & Romaine, trad. de Velleius Paterculus, par M. l'Abbé Paul. *Paris*, 1770, *in*-12.

1479 Eutropii Breviarium Historiæ Romanæ. *Parisiis, Barbou*, 1754, *in*-12. *v. m. d. f. tr.*

1480 Histoire Romaine, depuis la fondation de Rome jusqu'à la translation de l'Empire par Constantin, trad. de l'anglois de Laurent Echard, par Daniel Larroque, & l'Abbé Desfontaines. *Paris*, 1734, 16 *vol. in*-12. *v. f. f. d.*

1481 La même Histoire Romaine de Laurent Echard. *Ibid. Paris*, 1749, 16 *vol. in*-12.

1482 Annales Romaines, ou abrégé chronologique de l'Histoire Romaine, depuis sa fondation jusqu'aux Empereurs, (par M. Macquer). *Paris*, 1756, *in*-8. *f. d.*

1483 Les Histoires de Polybe, depuis la seconde guerre punique jusqu'à celle de Macédoine, trad. du grec par D. Vinc. Thuillier, avec un commentaire & des notes critiq. & historiq. par le Chev. Folard. *Paris*, 1727 & suiv. 6 *vol. in*-4. *fig. v. f. d. f. tr.*

1484 Histoire des deux Triumvirats, par Citry de la Guette, avec l'Histoire d'Auguste, par de Larrey. *Amst.* (*Trévoux*), 1715, 4 *vol. in*-12.

1485 C. Julii Cæsaris commentariorum de Bello Gallico

libri VII. *Parisiis, Barbou,* 1755, 2 *vol. in-12. v. m. d. f. tr.*

1486 Les Commentaires de César, de la traduction de N. Perrot d'Ablancourt, avec des remarques. *Paris,* 1714, 2 *vol. in 12.*

1487 Histoire de Catilina, tirées des meilleurs auteurs & historiens de l'antiquité. *Amst.* (*Paris*), 1749, *in-12.*

1488 C. Sallustii Crispi quæ extant. opera. *Parisiis, Barbou,* 1761, *in-12. v. m. d. f. tr.*

1489 C. Crispus Sallustius, & L. Annæus Florus. *Birminghamiæ, Baskerville,* 1773, *in-4. mar. r.*

1490 Nouvelle traduction de Salluste, avec des notes critiques, par M. Dotteville. *Paris,* 1749, *in-12.*

1491 C. Corn. Tacitus ex J. Lipsii editione, cum notis H. Grotii. *Lugd. Batav. ex officinâ Elzeviriana,* 1640, 2 *vol. in-12. mar. bl.*

1492 C. Cornelii Taciti quæ extant opera. recensuit J. N. Lallemand. *Parisiis, Barbou,* 1760, 3 *vol. in-12. v. m. d. f. tr.*

1493 Eadem C. Cornelii Taciti opera, recognovit, emendavit, supplementis explevit, notis dissertationibus tabulis Geogr. illustravit Gabr. Brotier. *Parisiis,* 1771, 4 *vol. in-4. f. d. f. tr.*

1494 Eadem Cornelii Taciti opera, supplementis, notis & dissertationibus illustravit Gabr. Brotier. *Parisiis,* 1776, 7 *vol. in-12. v. f.*

1495 Annales & Histoire de Tacite, en lat. & en fr. avec des notes, par J. H. Dotteville. *Paris,* 1772 & 1774, 4 *vol. in-12. v. éc. d. f. tr.*

1496 Discorso di Scipione Ammirato sopra Cornelio Tacito. *In Fiorenza, Giunti,* 1694, *in-4.*

1497 Les douze Césars, trad. du latin de Suetone, par M. de la Harpe. *Paris,* 1770, 2 *vol. in-8. v. f.*

1498 Histoire des douze Césars de Suetone, traduite par Henri Ophellot de la Pause, avec des mélanges philos. & des notes, par M. de Lisle de Salse. *Paris,* 1771, 4 *vol. in-8. broch.*

1499 Histoire de Dion Cassius, abrégée par Xiphilin, trad. du grec. *Paris,* 1674, 2 *vol. in-12.*

1500 Abrégé chronologique de l'Histoire des Empereurs, (par M. Adrien Richer.) *Paris,* 1754, 2 *vol. in-8.*

1501 Le même Abrégé chronologique de l'Histoire des Empereurs. *Ibid.* 2 *vol. in-8.*

HISTOIRE MODERNE.

HISTOIRE GÉNÉRALE DE L'EUROPE.

1502 Tableau de l'Hiſtoire moderne depuis la Chûte de l'Empire d'Occident, juſqu'à la Paix de Weſtphalie, par le Chevalier de Mehegan. *Paris*, 1766, 3 *vol. in-*12.

1503 Hiſtoire univerſelle de Jacq. Auguſte de Thou, depuis 1543 juſqu'en 1607 ; trad. en françois. (*Paris*,) 1734, 16 *vol. in-*4. *gr. pap. v. f. d. f. tr.*

1504 L'Eſpion dans les Cours des Princes Chrétiens. *Cologne*, 1731, 7 *vol. in-*12. *fig.*

1505 Mémoires pour ſervir à l'Hiſtoire univerſelle de l'Europe, depuis 1600 juſqu'en 1716 ; par le P. d'Avrigny. *Paris*, 1757, 5 *vol. in-*12.

1506 Eſſais ſur les principaux Evénemens de l'Hiſtoire de l'Europe ſous le Règne d'Eliſabeth, Reine d'Angleterre. *Londres* (*Paris*), 1766, *in-*12. *fil. d.*

HISTOIRE D'ITALIE.

1507 Délices de l'Italie. *Paris*, 1707, 4 *vol. in-*12. *fig.*

1508 Deſcription hiſtorique & critique de l'Italie, par M. l'Abbé Richard. *Dijon*, 1766, 6 *vol. in-*12. *fig. f. d.*

1509 Mémoires & Obſervations ſur l'Italie & ſur les Italiens, par deux Gentilshommes Suédois (M. Groſley.) *Londres* (*Paris*), 1764, 3 *vol. in-*12. *f. d.*

1510 Del Regno d'Italia ſotto i Barbari, epitome del Conte D. Emanuel Teſauro ; con le annotationi di Valeriano Caſtiglione. *In Torino*, 1664, *in-fol. fig. mar. verd.*

1511 Della Iſtoria d' Italia di M. Fr. Guicciardini libri xx. *In Venezia*, 1738, 2 *vol. in-fol. c. m. mar. r.*

1512 Conjuration de Nicolas Gabrini, dït de Rienzi, Tyran de Rome, en 1347, par le P. du Cerceau. *Amſt.* 1734, *in-*12.

1513 Nuova Pianta di Roma, da G. B. Nolli. 1748, *in-fol. c. m.*

1514 Trattato delle Coſe più memorabili di Roma tanto antiche come moderne, che in eſſe di preſente ſi trovano ; da Gio. P. Pinaroli ; ital e franceſe. *In Roma*, 1725, 3 *vol. in-*12. *vélin.*

3515 Roma antica e moderna, o sia nuova defcrizione della moderna Città di Roma, e di tutti gli Edifizi notabili che fono ia effa, e delle Cofe più celebri, che erano nella antica Roma. *In Roma*, 1745, 3 *vol. in-8. fig.*

3516 Indice iftorico del gran Profpetto di Roma, da Giufeppe Vafi. *In Roma*, 1765, *in-12. fig.*

3517 Le Bellezze della Città di Firenze, fcritte già da M. Francefco Bocchi, e ampliate da M. Giovanni Cinelli. *In Firenze*, 1677, *in-8. vélin.*

3518 Le medefime. *In Fiorenza*, 1691, *in-8.*

3519 Vie de Philippe Strozzi, premier Commerçant de Florence & de toute l'Italie, fous les Règnes de Charles V & de François Premier, trad. du tofcan par M. Requier. *La Haye (Paris)*, 1762, *in-12. fil. d.*

3520 Hiftoire de Jeanne Premiere, Reine de Naples; par M. l'Abbé Mignot. *Paris*, 1764, *in-12. v. m. f. d.*

3521 Hiftoire de la Révolution de Naples en 1647 & 1648, par Mademoifelle de Luffan. *Paris*, 1657, 4 *vol. in-12.*

HISTOIRE DE FRANCE.

Préliminaires de l'Hiftoire de France, comprenant l'Hiftoire ancienne des Gaules & la Notice générale du Royaume de France.

3522 Notice de l'ancienne Gaule, par d'Anville. *Paris*, 1760, *in-4.*

3523 Tréfor de Recherches & Antiquités Gauloifes & Françoifes, par P. Borel. *Paris*, 1655, *in-4.*

3524 Hiftoire de l'ancien Gouvernement de la France, avec les Mémoires préfentés au Duc d'Orléans, par le Comte de Boulainvilliers. *Amft.* 1727, 5 *vol. in-12.*

3525 Variations de la Monarchie Françoife dans fon Gouvernement, ou Hiftoire du Gouvernement de France depuis Clovis jufqu'à la mort de Louis XIV, par M. Gautier de Sibert. *Paris*, 1765, 4 *vol. in-12. écail. f. d.*

3526 Dictionnaire hiftorique des Mœurs, Ufages & Coutumes des François. *Paris*, 1767, 3 *vol. in-8.*

3527 Le même Dictionnaire, *ibid.* 3 *vol. in-8. f. d.*

3528 L'Etat de la France. *Paris*, 1727, 5 *vol. in-12.*

3529 Le Royaume de France & les Etats de Lorraine, par ordre alphabétique; par Doify. *Paris*, 1745, *in-4.*

Histoire générale de France.

1530 Histoire de France, depuis Pharamond jusqu'à la paix de Vervins, avec un Abrégé de la Vie des Reines, les Portraits des Rois, Reines & Dauphins; leurs Médailles: par Fr. Eudes de Mezeray. *Paris, Guillemot,* 1643, 1646 & 1651, 3 *vol. in-fol. v. éc. d. f. tr.*

1531 Abrégé chronologique de l'Histoire de France, par Fr. de Mezeray. *Paris,* 1668, 3 *vol. in-4. v. f.*

1532 Le même Abrégé chronologique de l'Histoire de France, par de Mezeray. *Amst. (Paris),* 1755, 14 *vol. in-12.*

1533 Histoire de France, depuis l'établissement de la Monarchie Françoise; par le P. G. Daniel. *Paris,* 1722, 7 *vol. in-4.*

1534 La même Histoire de France, depuis l'établissement de la Monarchie Françoise dans les Gaules; par le P. G. Daniel. *Paris,* 1755, 17 *vol. in-4.*

1535 Histoire de France, par Châlons. *Paris,* 1741, 3 *vol. in-12.*

1536 Abrégé chronologique de l'Histoire de France, par le Président Hénault. *Paris,* 1749, 2 *vol. in-8. d. fur tr. f. d.*

1537 Le même Abrégé chronologique de l'Histoire de France, par le Président Hénault; avec les Portraits des Rois d'Odieuvre. *Paris,* 1752, *in-4 gr. pap. mar. r. à compart.*

1538 Le même Abrégé chronologique. *Paris,* 1756, *in-8. mar. r.*

1539 Le même Abrégé chronologique de l'Histoire de France. *Paris,* 1761, 2 *vol. in-8.*

1540 Le même Abrégé chronologique de l'Histoire de France du Président Hénault. *Paris,* 1768, 2 *vol. in-4. v. éc. d. f. tr.*

1541 Abrégé chronologique des grands Fiefs de la Couronne, pour servir de Supplément à l'Abrégé chronologique de l'Histoire de France du Président Hénault, par M. Brunet. *Paris,* 1759, *in-8. pap. d'Holl. mar. bl.*

1542 Le même Abrégé chronologique des grands Fiefs de la Couronne de France. *Paris,* 1759, *in-8. f. d.*

1543 Tablettes historiques & Anecdotes des Rois de France, depuis Pharamond jusqu'à Louis XV, (par M. Dreux du Radier,) *Londres (Paris),* 1766, 3 *vol. in-12. v. éc. f. d.*

1544 Mémoires hiftoriques & fecrets concernant les Amours des Rois de France. (*Holl.*) 1739, *in-*12. *mar. r.*

Hiftoire particuliere des Rois de France, de la troifieme Race.

1545 Hiftoire de Saint Louis, par Jehan Sire de Joinville; les Annales de fon Règne, par Guill. de Nangis; fa Vie & fes Miracles, par le Confeffeur de la Reine Marguerite, publiée d'après les manufcrits de la Bibliothéque du Roi, avec un gloffaire, par Meffieurs Sallier & Melot. *Paris, de l'Impr. Royale,* 1761, *in-fol. v. m. fil. d.*

Branche de Valois.

1546 Hiftoire de Charles VI, par Mademoifelle de Luffan. *Paris,* 1753, 9 *vol. in-*12. *v. f.*

1547 Les Œuvres d'Alain Chartier, Secrétaire du Roi Charles VII; contenant l'Hiftoire de fon temps, depuis 1402 jufqu'en 1460, & autres Pieces, revues & augmentées par A. Duchefne. *Paris,* 1617, *in-*4.

1548 Hiftoire de Jeanne d'Arc, Vierge, Héroïne & Martyre d'Etat, par l'Abbé Lenglet-Dufrefnoy. *Paris,* 1753, 2 *tom. en un vol. in-*12. *v. f.*

1549 Les Mémoires de Philippe de Commines. *Leide, Elzeviers,* 1648, *in-*12. *mar. r.*

1550 Hiftoire du Chevalier Bayard, par Aimar. *Lyon,* 1699, *in-*12.

1551 Hiftoire de François Premier, par M. Gaillard. *Paris,* 1766, 4 *vol. in-*12. *v. m. f. d.*

1552 Mémoires pour fervir à l'Hiftoire de France, depuis 1515 jufqu'en 1611; par P. de L'Eftoile. *Cologne,* 1719, 2 *vol. in-*8. *fig. v. f.*

1553 Mémoire hiftorique & critique fur les principales circonftances de la Vie de Roger de Saint-Lary de Bellegarde, par Secouffe. *Paris,* 1764, *in-*12. *v. m.*

1554 Recueil de Pieces curieufes; favoir, Journal du Règne de Henri III. —— Le Divorce fatyrique, ou les Amours de la Reine Marguerite de Valois. —— Les Amours du Roi Henri le Grand. —— La Confeffion de M. de Sancy. —— Remarques fur la Confeffion de M. de Sancy. —— Apologie pour le Roi Henri IV, par Madame la Ducheffe de Rohan. —— Difcours merveilleux de la Vie de Catherine de Médicis. (*Cologne,*) 1693, *in-*12.

1555

1555 Journal de Henri III, par Pierre de L'Eſtoile; nouvelle éditicn, publiée (par M. l'Abbé Lenglet-Dufreſnoy.) *La Haye (Paris)*, 1744, 5 *vol. in-8.*

1556 Mémoires de la Ligue, depuis 1576 juſqu'en 1598; nouvelle édition, corrigée avec des notes (par M. l'Abbé Goujet.) *Amſt. (Paris)*, 1758, 6 *vol. in-4. gr. pap. v. f. d. f. tr.*

1557 L'Eſprit de la Ligue, par M. Anquetil. *Paris*, 1767, 3 *vol. in-12.*

1558 Le même. *Ibid.* 3 *vol. in-12.*

1559 Satyre Ménippée, de la Vertu du Catholicon d'Eſpagne & de la Tenue des Etats de Paris, (par Pierre Le Roy;) avec quelques autres Pieces & des Remarques de P. Dupuis. *Ratisbonne*, 1711, 3 *vol. in-8. fig. v. m.*

Branche de Bourbon, depuis Henri IV juſqu'à Louis XV.

1560 Hiſtoire du Roi Henri le Grand, par Hardouin de Péréfixe. *Amſt. Elzevier*, 1661, *in-12. mar. r.*

1561 Journal du Règne de Henri IV, (depuis 1594 juſqu'en 1611,) par Pierre de l'Etoile, avec des Remarques hiſtoriques & politiques (par M. l'Abbé Lenglet-Dufreſnoy.) *La Haye (Paris)*, 1741, 4 *vol. in-8.*

1562 Mémoires des ſages & royales Economies d'Etat domeſtiques, politiques & militaires de Henri le Grand, par Maximilien de Béthune, Duc de Sully. *Amſt. W. Verds*, 3 *vol. in-fol. mar. m.*

1563 Mémoires de Maximilien de Béthune, Duc de Sully, principal Miniſtre d'Henri le Grand; mis en ordre, avec des remarques, (par M. l'Abbé de Lécluſe.) *Londres (Paris)* 1747, 3 *vol. in-4. gr. pap. avec les Portraits d'Odieuvre, mar. bl.*

1564 Les mêmes Mémoires de Sully. *Paris*, 1747, 3 *vol. in-4. gr. pap. v. éc. f. d.*

1565 Chronologie ſepténaire de l'Hiſtoire de la Paix entre les Rois de France & d'Eſpagne, par Pierre-Victor Palma Cayet. *Paris*, 1605, *in-8.*

1566 La même Chronologie ſepténaire. *Paris*, 1609, *in-8.*

1567 Chronologie novenaire, contenant l'Hiſtoire de la Guerre ſous le Règne d'Henri IV, par le même. *Paris*, 1608, 3 *vol. in-8. v. f.*

1568 Le Mercure François, ou la Suite de l'Hiſtoire de la Paix, commençant l'an 1605, & finiſſant en 1644, par

J. Richer & Théophr. Renaudot, pour fuite du Septénaire de Cayet. *Paris*, 1619, 25 *tom. rel. en* 50 *vol. in-8. v. m.*

1569 Hiftoire de Marie de Médicis & de Louis XIII, par Fr. Eudes de Mezeray. *Amft.* (*Paris*), 1731, 2 *vol. in-12.*

1570 Mémoires pour fervir à l'Hiftoire d'Anne d'Autriche, époufe de Louis XIII, par Madame de Motteville. *Amft.* (*Paris*), 1739, 6 *vol. in-12.*

1571 La Vie du Cardinal de Richelieu, par Le Clerc. *Amft.* (*Paris*), 1753, 5 *vol. in-12. v. m.*

1572 Hiftoire de Louis XIV, par Peliffon. *Paris*, 1749, 3 *vol. in-12. v. f.*

1573 La même Hiftoire de Louis XIV, par Peliffon. *Ibid.* 3 *vol. in-12.*

1574 Siecle de Louis XIV, par de Voltaire. *Berlin*, 1752, 2 *vol. in-12.*

1575 Le même Siecle de Louis XIV. *Francfort*, 1753, 3 *vol. in 12. v. m. f. d.*

1576 Le même Siecle de Louis XIV, par Voltaire. *Geneve*, 1768, 4 *vol. in-8. v. m.*

1577 Médailles fur les principaux Evénemens du Regne de Louis - le - Grand, avec des Explications hiftoriques, par l'Académie Royale des Infcriptions. *Paris*, *Impr. Royale*, 1723, *in-fol. mar. r. fig.*

1578 Jugement de tout ce qui a été imprimé contre le Cardinal Mazarin, par Naudé, *in-4.* 718. *pag.*

1579 Mémoires de Mademoifelle de Montpenfier. *Amfterd.* 1729, 6 *tom. en* 3 *vol. in-12.*

1580 Mémoires du Cardinal de Retz avec ceux de Joly. *Amft.* 1718, 6 *vol. in-12.*

1581 Les mêmes Mémoires du Card. de Retz. *Amft.* 1731, 4 *vol. in-12. f. d.*

1582 Les mêmes Mémoires du Card. de Retz. *Geneve* (*Paris*), 1751, 4 *vol. in-12.*

1583 Mémoires de Guy-Joly. *Amft.* 1738, 4 *vol. in-12. f. d.*

1584 Les mêmes Mémoires de Guy-Joly. *Geneve* (*Paris*), 1751, 3 *vol. in-12. f. d.*

1585 Mémoires de Bordeaux, Intendant des Finances, fous la minorité de Louis XIV, (par Gratian des Courtils). *Amft.* (*Trevoux*) 1758, 4 *vol. in-12.*

1586 Mémoires de Gourville, depuis 1642 jufqu'en 1698. *Paris*, 1724, 2 *vol. in-12.*

1587 Histoire du Vicomte de Turenne, par de Ramſay. *Paris*, 1735, 2 *vol. in-*4. *fig. v. f. f. d.*

1588 Les Mémoires de Roger de Rabutin, Comte de Buſſy. *Paris*, 1696, 2 *vol. in-*4.

1589 Mémoires Secrets du Comte de Buſſy Rabutin. *Amſt.* (*Paris*), 1768, 2 *vol. in-*12.

1590 Mémoires & Lettres pour ſervir à l'Hiſtoire de Madame de Maintenon, (publiés par Angliviel de La Beaumelle). *Amſt.* 1755., 15 *vol. in-*12.

1591 Maintenoniana, ou choix d'Anecdotes intéreſſantes, &c. avec des notes, par M. B . . . de B . . . *Amſt.* 1733, *in-*8.

1592 Mémoires & Réflexions ſur les principaux événemens du Regne de Louis XIV, par le Marquis de La Farre. *Amſt.* (*Paris*), 1740, *in-*12.

1593 Mémoires de Fr. de Paule de Clermont, Marquis de Montglat. *Amſt.* 1727, 4 *tom* en 2 *vol. in-*12.

1594 Mémoires pour ſervir à l'Hiſtoire de Louis XIV, par l'Abbé de Choiſy. *Utrecht*, 1727, 2 *vol. in-*12. *v. m.*

1595 Mémoires de M. de Torcy, pour ſervir à l'Hiſtoire des Négociations depuis le Traité de Riſwick juſqu'à la paix d'Utrecht. *La Haye* (*Paris*), 1757, 3 *vol. in-*12.

1596 Les mêmes Mémoires de M. de Torcy. *Ibid.* 3 *vol. in-*12.

1597 Histoire Secrète des intrigues de la France en divers cours de l'Europe, trad. de l'anglois. *Londres*, 1713, 3 *vol. in-*8. *v. f.*

1599 Mémoires de Du Guay-Trouin. *Paris*, 1740, *in-*4. *fig. v. f. d. f. ir.*

1600 Journal du Règne de Louis XV. *Paris*, 1766, 2 *vol. in-*8. *fil. d.*

1601 Les Campagnes de Louis XV, repréſentées par des fig. allégoriques, avec une Explication hiſtorique, par A. Goſ- mond. *Paris*, 1751, *in-*4. *v. m.*

1602 Histoire de la Guerre de 1741, *in-fol. manuſ.*

1603 Etrennes françoiſes dédiées à la ville de Paris pour l'année jubilaire du Regne de Louis le Bien - Aimé, par l'Abbé Petity. *Paris*, 1766, *in-*4. *fig. mar.*

Hiſtoire générale & particuliere des Villes & Provinces de France.

1604 Histoire & Recherches des Antiquités de la ville de Paris, par Henri Sauval. *Paris*, 1724, 3 *vol. in fol.*

1605 Histoire de la ville de Paris, par D. Michel Félibien & D. Guy-Alexis Lobineau. *Paris*, 1725, 5 *vol. in-fol.*

1606 Description de Paris & de ses environs, par Piganiol de la Force. *Paris*, 1742, 8 *vol. in*-12. *fig. v. f. f. d.*

1607 Description historique de Paris & de ses plus beaux monumens gravés en taille douce par M. Martinet ; par M. Béguillet. *Paris*, 1779, *in*-8. *fig, br.*

1608 Dictionnaire historique de la ville de Paris & de ses environs, par Hurtaut. *Paris*, 1779, 4 *vol. in*-8.

1609 Essais historiques sur Paris, par Poullain de Saintfoix. *Paris*, 1763, 5 *vol. in*-12. *mar. bl.*

1610 Fêtes publiques données par la Ville de Paris, à l'occasion du Mariage de Monseigneur le Dauphin en 1745, *gr. in-fol. fig. mar. r.*

1611 Fête publique donnée par la Ville de Paris, à l'occasion du Mariage de Monseigneur le Dauphin en 1747, *gr. in-fol. fig. mar. r.*

1612 Journal du Citoyen. *La Haye*, 1754, *in*-8. *v. f. d.*

1613 Histoire de la Ville & de tout le Diocèse de Paris, par l'Abbé Le Bœuf. *Paris*, 1754, 15 *vol. in*-12.

1614 Dictionnaire des Paroisses du ressort du Parlement de Paris. *Paris*, 1776, *in*-4.

1615 Description de Versailles & de Marly, par Piganiol de la Force. *Paris*, 1738, 2 *vol. in*-12. *fig.*

1616 Description historique de Fontainebleau, par l'Abbé Guilbert. *Paris*, 1731, 2 *vol. in*-12. *fig. v. f.*

1617 Histoire du Comté de Ponthieu, de Montreuil & de la Ville d'Abbeville. (*Paris*), 1765, 2 *vol. in*-12.

1618 Histoire de Blois, contenant les antiquités & singularités du Comté de Blois, &c. par J. Bernier. *Paris*, 1682, *in*-4.

1619 Antiquités de la Ville d'Aix. 1760, *in*-4. *fig.*

Mélanges de l'Histoire de France, ou Extraits, Recueils, Collections d'Actes, Pieces & Dissertations appartenantes à l'Histoire de France.

1620 Discours non plus mélancoliques que divers, de choses qui appartiennent à notre France : & à la fin, la Maniere de bien & justement entoucher les Lucs & Guiternes. *Poitiers*, 1557. — Oraison funebre sur le Trépas du Roi François Premier, par Galland ; trad. du latin par J. Martin. *Paris, Vascosan.* — L'Oraison & Remontrance de Marie de Clèves, faite au Roi d'Angleterre. *A La Rivou.* — Oraison funèbre sur le Trépas de vertueuse Dame

Florete Sarrasie, trad. du latin de Cl. Baduel par Ch. Rozel. *Lyon*, 1546. — Oraison de F. de Némond. *Poitiers*, 1555. — Les Triomphes faits à l'Entrée du Roi à Chenonceau. *Tours*, 1559, *in-4. v. f. d. f. tr.*

1621 Recueil des Rois de France, leur Couronne & Maison, par J. du Tillet. *Paris*, 1602, 2 *vol. in-4. v. m.*

1622 Mélanges historiques, par Camuzet. *Troyes*, 1619, *in-8.*

1623 Mémoires historiques, politiques, critiques & littéraires, par Amelot de la Houssaie. *Amst.* 1737, 3 *vol. in-12.*

Histoire des principaux Offices du Royaume de France.

1624 Histoire des Connétables, Chanceliers, Gardes-des-Sceaux, Maréchaux, Amiraux, & grands Maîtres de France, & des Prévôts de Paris, avec leurs armes & blazons, par Jean le Feron ; revu & augmenté par Godefroy. *Paris, de l'Impr. Royale*, 1658, *in-fol. gr. pap.*

Traités singuliers historiques sur les Monnoies
de France.

1625 Des Monnoies, augment & diminution du prix d'icelle; par Fr. Grimaudet. *Paris*, 1576, *in-8.*

1626 Traité des Monnoies, & de la Jurisdiction de la Cour des Monnoies, par M. Abot de Bazinghen. *Paris*, 1764, 2 *vol. in-4.*

H I S T O I R E D'A L L E M A G N E.

1627 Abrégé chronologique de l'Histoire & du Droit public d'Allemagne. *Paris*, 1754, *in-8. v. m.*

1628 Histoire du Règne de Charles Quint, trad. de l'anglois de Robertson, (par M. Suard.) *Amst.* (*Paris*), 1771, 6 *vol. in-12. br.*

1629 Mémoires du Marquis de Maffei. *La Haye*, 1740, 2 *vol. in-12.*

1630 Histoire des Révolutions d'Hongrie, où l'on donne une idée juste de son légitime gouvernement, &c. *La Haye*, 1739, 6 *vol. in-12. f. d.*

1631 Précis de l'Histoire du Palatinat du Rhin, par M. Collini. *Leipsig*, 1763, *in-12.*

1632 Mémoires pour servir à l'Histoire de la Maison de Brandebourg, par le Roi de Prusse. *La Haye*, 1751, *in* 4. *gr. pap. mar. r.*

1633 Les mêmes Mémoires pour servir à l'Histoire de Brandebourg ; 1751, 2 *vol. in*-12. *f. d.*

1634 Les mêmes Mémoires pour servir à l'Histoire de la Maison de Brandebourg. *Londres*, 1767, 3 *vol. in*-12.

1635 Les Campagnes du Roi de Prusse. *Amst.* 1763, *in*-12.

HISTOIRE DES PROVINCES UNIES.

1636 Histoire métallique de la République de Hollande, par Bizot. *Paris*, 1687, *in-fol.*

1637 Le Hollandois , ou Lettres sur la Hollande ancienne & moderne, par de la Barre de Beaumarchais. *Francfort* , 1738, *in*-8.

1638 Histoire du Stadhoudérat , depuis son origine jusqu'à présent; par M. l'Abbé Raynal. *La Haye* (*Paris*), 1748, *in*-12. *v. f.*

1639 Etat présent de la République des Provinces-Unies, par Fr. Michel Janiçon. *La Haye*, 1755, 2 *vol. in*-12. *v. m.*

1640 Le Guide , ou nouvelle Description d'Amsterdam. *Amst.* 1753, *in*-12. *fig.*

HISTOIRE DES SUISSES.

1641 Tableau historique & politique de la Suisse, trad. de l'anglois. *Paris*, 1766, *in*-12. *v. m.*

1642 Histoire des Révolutions de La haute Allemagne, contenant les ligues & les guerres de la Suisse. *Paris*, 1766 , 2 *vol. in*-12. *v. m. f. d.*

1643 Histoire de Genève , par Spon. *Genéve*, 1730 , 4 *vol. in*-12.

HISTOIRE D'ESPAGNE ET DE PORTUGAL.

1644 Histoire des Révolutions d'Espagne. *La Haye*, 1724, 5 *vol. in*-12.

1645 Mémoires pour servir à l'Histoire d'Espagne sous le Regne de Philippe V, par le Marquis de Saint-Philippe. (*Paris*,) 1756, 4 *vol. in*-12.

HISTOIRE D'ANGLETERRE, D'ECOSSE ET D'IRLANDE.

1646 Hiſtoire des Révolutions d'Angleterre, par le P. d'Orléans. *Paris*, 1744, 4 *vol. in-12. fig. v. f. f. d.*

1647 Abrége chronologique de l'Hiſtoire d'Angleterre, trad.
de l'anglois de Salmon. *Paris*, 1751, 2 *vol. in-8. dor. j. tr.*

1648 Le même Abrégé chronologique de l'Hiſtoire d'Angle-
gleterre de Salmon. *Ibid.* 2 *vol. in-8 f d.*

1649 Le même. *Ibid.* 2 *vol. in-8.*

1650 Hiſtoire d'Angleterre de David Hume, trad. de l'angl.
par Madame Belot, & l'Abbé Prevoſt. *Londres*, (*Paris*),
1760, 7 *vol. in-4. gr. pap. mar. r.*

1651 La même Hiſtoire d'Angleterre de David Hume. *Amſt.*
(*Paris*), 1763, 7 *vol. in-4.*

1652 Hiſtoire de la Maiſon de Tudor ſur le Trône d'Angleterre, trad. de l'anglois, de David Hume, par Madame
(Belot). *Amſt.* (*Paris*), 1763, 6 *vol. in-12.*

1653 Hiſtoire d'Angleterre depuis 1748 juſqu'en 1763, pour
ſervir de continuation aux Hiſtoires de MM. Smollet &
Hume, par M. Targe. *Londres* (*Paris*), 1768, 5 *vol.
in-12. f. d.*

1654 Hiſtoire d'Angleterre depuis la fondation de la Monarchie juſqu'en 1763, par Chavanettes. *Amſt.* (*Paris*), 1765,
6 *vol. in-12. v. &c. f. d.*

1655 Nouvelle Hiſtoire générale d'Angleterre depuis l'origine la plus reculée juſqu'à l'année 1780, par le Chevalier
de Champigny. *Amſt.* 1777, 2 *vol. in-4. fig. br.*

1656 Hiſtoire de Guillaume le Conquérant, par l'Abbé
Prévoſt. *Paris*, 1742, 2 *vol. in-12. v. m.*

1657 Vie d'Elizabeth, Reine d'Angleterre, trad. de l'italien,
de Grégorio Leti. *Londres*, 1743, 2 *vol. in-12.*

1658 Correſpondance ſecrette du Chevalier Robert Cecil avec
Jacques VI, Roi d'Ecoſſe, 1767. *in-12.*

1659 Mémoires de James Graham, Marquis de Montroſe,
contenant l'Hiſtoire de la rebellion de ſon temps, trad. de
l'anglois. *Paris*, 1767, 2 *vol. in-12.*

1660 Procès de Guillaume, Vicomte de Stafford en 1680.
Cologne, 1681, 3 *vol. in-12. f. d.*

1661 Mémoires de J. Macky, contenant les caractères de la
Cour d'Angleterre ſous les règnes de Guillaume III &
d'Anne I, trad. de l'anglois. *La Haye*, 1733, *in-12. f. d.*

1662 Hiſtoire du Miniſtère du Chevalier Robert Walpool. *Amſt.* (*Paris*), 1764, 3 *vol. in*-12.

1663 Mémoires Secrets de Mylord Bolingbroke ſur les affaires d'Angleterre, trad. de l'anglois. *Londres* (*Paris*), 1754, *in*-8. *v. éc.*

1664 Hiſtoire d'Ecoſſe, ſous les regnes de Marie Stuart & de Jacques VI, par Guil. Robertſon, trad. de l'anglois. *Lond.* (*Paris*), 1764, 3 *vol. in*-12. *v. m. f. d.*

H I S T O I R E   D E S   P A Y S   S E P T E N T R I O N A U X,

D A N N E M A R C K ,   S U E D E ,   M O S C O V I E ,   P O L O G N E ,   &c.

1665 Introduction à l'Hiſtoire de Dannemarck, où l'on traite de la Religion, des Loix, des Mœurs & des Uſages des ancien Danois, avec l'Edda des Iſlandois, ou Mythologie celtique, par Mallet. *Copenhague*, 1755, *in*-4.

1666 Hiſtoire de Dannemarck, par Mallet. *Geneve*, 1763, 6 *vol. in*-12. *f. d.*

1667 Hiſtoire des Rois de Dannemarck de la Maiſon d'Oldenburg, trad. de l'Allemand de M. Schlegel, par le Chevalier de Champigny. *Amſt.* 1776, 2 *vol. in*-4. *br.*

1668 Hiſtoire de Charles XII, par Voltaire. *Baſle*, 1731, 2 *vol. in*-12. *v. f. f. d.*

1669 Hiſtoire & Anecdotes de la Vie, du Regne, du Détronement & de la Mort de Pierre III, dernier Empereur de Ruſſie, par la Marche. *Londres*, 1766, *in*-12. *v. éc.*

1670 Hiſtoire générale de Pologne, par M. le Chevalier de Solignac. *Paris*, 1751, 5 *vol. in*-12.

1671 Les Anecdotes de Pologne, ou Mémoires Secrets du regne de J. Sobieski. *Paris*, 1699, 2 *vol. in*-12.

1672 Hiſtoire de J. Sobieski, Roi de Pologne, par l'Abbé Coyer. *Varſovie* (*Paris*), 1761, 3 *vol. in*-12. *v. éc.*

H I S T O I R E   D E   L'A S I E.

1673 Bibliothéque Orientale, par d'Herbelot. *Paris*, 1697, *in-fol. v. m.*

1674 La même Bibliothéque Orientale. *Ibid. in-fol.*

1675 Recueil d'Obſervations curieuſes ſur les Mœurs, les Coutumes, les Uſages, &c. des différens peuples de l'Aſie, de l'Afrique & de l'Amérique. *Paris*, 1749, 4 *vol. in*-12. *v. f.*

1676

1676 Mœurs & Ufages des Turcs, leur Religion ; leur gouvernement civil, politique & militaire (par M. Guer). *Paris*, 1746, 2 *vol. in-4. gr. pap. fig.*

1677 Lettres Turques, hiftoriques & politiques, écrites par Mehemel II, Empereur Ottoman, par fes Généraux, &c. trad. du grec & de l'arabe, par M. Belin de Monterzi. *Paris*, 1764, *in-12. mar. r.*

1678 Hiftoire de Saladin, Sultan d'Egypte & de Syrie, par M. Marin. *Paris*, 1758, 2 *vol. in-12. v. m. f. d.*

1679 La même Hiftoire de Saladin. *Paris*, 1763, 2 *vol. in-12. f. d.*

1680 Hiftoire de Thamas Kouli-kan, Roi de Perfe, (par M. l'Abbé Declauftre). *Paris*, 1743, *in-12. v. f. dor. f. tr.*

1681 Hiftoire de Nader Chah, connu fous le nom de Thamas Kuli-Khan, Empereur de Perfe; trad. d'un Manufcrit perfan avec des notes, & un Traité de la Poéfie Orientale, par M. Jones : trad. de l'anglois. *Londres*, 1770, 2 *vol. in-4. v. f. f. d.*

1682 Hiftoire des Guerres de l'Inde, ou des Evenemens militaires arrivés dans l'Indouftan depuis l'année 1745. *Amft. (Paris)*, 1765, 2 *vol. in-12.*

1683 Événemens hiftoriques intéreffans, relatifs aux Provinces de Bengale & à l'Empire de l'Indoftan; trad. de l'anglois de Holwell. *Paris*, 1768, *in-8. v. m.*

1684 Analyfe de l'Hiftoire des Établiffemens & du Commerce des Européens dans les deux Indes. *Amft. (Paris)*, 1775, *in-8.*

1685 Defcription géographique, hiftorique, chronologique, politique & phyfique de l'Empire de la Chine, par le P. J. B. Duhalde. *Paris*, 1735, 4 *vol. in-fol. fig.*

1686 Yu le Grand & Confucius, Hiftoire Chinoife, par M. Leclerc. *Soiffons*, 1769, *in-4. v. f.*

1687 Hiftoire moderne des Chinois, Japonois, Indiens, &c. par l'Abbé de Marfy. *Paris*, 1754, 8 *vol. in-12. v. m. d. f. tr.*

HISTOIRE D'AFRIQUE.

1688 Defcription hiftorique & géographique des Plaines d'Héliopolis & de Memphis, par M. Fourmont. *Paris*, 1755, *in-12. fig.*

1689 Hiftoire de Mouley Mahamet, Roi de Maroc. *Genève (Paris)*, 1749, *in-12. mar. r.*

HISTOIRE DE L'AMÉRIQUE.

1690 Histoire du nouveau Monde, ou Description des Indes Occidentales, par J. de Laet. *Leyde, Elzeviers,* 1640, *in-fol. fig. mar. r.*

1691 Histoire des Colonies Européennes dans l'Amérique, trad. de l'anglois de W. Burck. *Paris,* 1767, *2 vol. in-12.*

1692 Histoire de la nouvelle Yorck, par William Smith; trad. de l'anglois par M. Eidous. *Londres (Paris),* 1767, *in-12,*

1693 Recherches philosophiques sur les Américains, par M. de Paw. *Berlin,* 1768, *2 vol. in-8. v. f. f. d.*

1694 Dissertation sur l'Amérique & les Américains, contre les Recherches philosophiques de M. de Paw, par D. Pernetti. *Berlin, in-12. v. f.*

1695 Examen des Recherches philosophiques sur les Américains. *Berlin,* 1771, *2 vol. in-12. v. f. f. d.*

1696 Essai sur cette question : Quand & comment l'Amérique a-t-elle été peuplée d'hommes & d'animaux? *Amst.* 1767, *5 vol. in-12.*

HISTOIRE HÉRALDIQUE.

TRAITÉS SUR LA NOBLESSE, LE BLAZON, &c.

1697 Le vrai Théâtre d'Honneur & de Chevalerie, ou le Miroir héroïque de la Noblesse, par Marc de Wlson de la Colombiere. *Paris,* 1648, *2 vol. in-fol. fig. mar. r.*

1698 La vraie & parfaite Science des Armoiries, ou l'Indice armorial de Louvan Geliot, augmenté par P. Palliot. *Dijon,* 1661, *in-fol. v. m.*

1699 Origine & pratique des Armoiries à la Gauloise, par Philibert Monet. *Lyon,* 1631, *in-4. v. f.*

1700 Traité de l'Origine des Noms & des Surnoms, par G. André de la Roque. *Paris,* 1681, *in-12.*

1701 Traité de la Noblesse, par le même. *Rouen,* 1710, *in-4. mar. r.*

1702 Les Principes de Blazon, (par l'Abbé de Saint-Pierre.) *Paris,* 1715, *in-4. fig. enlum.*

1703 Le Blazon des Couleurs en armes, ltvrées & devises, avec les écussons des Rois, enluminés. *Paris,* 1507, *in-16. goth. fig.*

1704 Armorial général de la France, par d'Hozier. *Paris*, 1738, 7 *vol. in-fol. gr. pap.*

1705 Armorial des principales Maisons & Familles du Royaume, par M. Dubuisson. *Paris*, 1757, 2 *vol. in-*12. *v. éc.*

1706 Armorial des Princes d'Allemagne, en allemand. *Wurtemberg*, 1749, *in-*8. *fig.*

HISTOIRE GÉNÉALOGIQUE.

1707 Histoire Généalogique de la Maison de France, par Scevole & Louis de Saincte-Marthe. *Paris*, 1628, 4 *vol. in-fol. v. m. f. d.*

1708 Histoire Généalogique & Chronologique de la Maison Royale de France, des Pairs & des Grands Officiers de la Couronne, par le P. Anselme. *Paris*, 1726, 9 *vol. in-fol. v. f.*

1709 La même Histoire Généalogique du P. Anselme. *Ibid.* 9 *vol. in-fol. v. f.*

1710 Généalogies des Maisons Souveraines & des Familles Illustres de France, *manusc.* avec les blasons enluminés, rangées par ordre alphabétiques dans quatre boîtes.

1711 Recueil intéressant sur les principales Familles; contenant, 1e l'origine des familles des Ducs, Maréchaux de France & grands Officiers de la Couronne, avec celle des Officiers du Régiment des Gardes-Françoises; 2° des Présidens, Conseillers, &c. par d'Hozier; 3° des principales Familles de Paris, par Guiblet, *in-fol. manusc. f. d.*

1712 Théâtre des Rois & des Souverains de la Famille Royale de France. *Amst. gr. in-fol.*

ANTIQUITÉS.

MONUMENS, RITES, USAGES ET COUTUMES DES ANCIENS ET DES MODERNES.

1713 Recueil historique d'Antiquités Grecques & Romaines en forme de Dictionnaire, par M. Furgault. *Paris*, 1768, *in* 8.

1714 Le même. *Ibid. in-*8.

1715. Costume des anciens Peuples, par M. Dandré Bardou. *Paris*, 1772, 2 *vol. in-*4. *gr. pap. fig. v. f. d. f. tr.*

1716 L'Antiquité expliquée & représentée en figures, par

D. Bern. de Monfaucon, avec le Supplément. *Paris*, 1719 & 1724, 15 *vol. in-fol. gr. pap. mar. r. fig.*

1717 La même Antiquité expliquée, du P. Monfaucon, avec le Supplement. *Paris*, 1719 & 1724, 15 *vol. in-fol. fig.*

1718 Les ruines de plusieurs beaux Monumens de la Grèce, par M. Le Roi. *Paris*, 1758, *gr. in-fol. fig. mar. r.*

1719 Les Ruines de Palmyre, par Rob. Wood. *Londres*, 1753, *gr. in-fol. fig. mar. r.*

1720 Suite des plans, coupes, profils, élévations de trois Temples antiques de Poeſtum, levés & meſurés en 1750, par M. Soufflot, & mis au jour par les ſoins de M. Dumont. *Paris*, *in-fol. gr. pap.*

1721 Les Edifices antiques de Rome, deſſinés & meſurés très-exactement par Ant. Deſgodetz. *Paris*, 1682, *in-fol. fig. v. éc. d. ſ. tr.*

1722 Les mêmes Edifices antiques de Rome, par Deſgodetz. *Paris*, 1779, *in-fol. fig. v. m. f. d.*

1723 Le Veſtigia e rarita di Roma antica, da Fr. de' Ficoroni. *In Roma*, 1744, *in-4. fig.*

1724 Opere varie di Architettura, Proſpettiva, Groteſchi, Antichita inventate, ed inciſe da G. B. Piraneſi, raccolte da Giov. Bouchard. *In Roma*, 1750, *in-fol. c. m.*

1725 Le Rovine del Caſtello dell' Acqua Giulia, di G. B. Piraneſe. *In Roma*, 1761, *in-fol. c. m. v. m.*

1726 Antichita di Pozzuoli. 1768, *in-fol. c. m. fig. v. f. f. d.*

1727 Obſervations ſur les Antiquités d'Herculanum, par MM. Cochin & Bellicard. *Paris*, 1755, *in-12*, *mar. r.*

1728 Les mêmes Obſervations, *in-12. mar. r.*

1729 Les Plans & Deſcriptions de deux des plus belles Maiſons de campagne de Pline, avec des remarques par Félibien des Avaux. *Londres*, 1707, *in-12. fig.*

1730 Hiſtoire des grands chemins de l'Empire Romain, par Nic. Bergier. *Bruxelles*, 1736, 2 *vol. in-4.*

1731 Traité des Pierres gravées par P. J. Mariette. *Paris*, 1750 2 *vol. in-fol. fig. v. éc. d. ſ. tr.*

1732 Deſcription d'un Camée de Lapis-Lazuli fait en dernier lieu par Louis Siries, ou Lettres de deux amis ſur diverſes productions de l'art avec des notes, & la deſcription d'un Camée en onyce, par Joannon de Saint-Laurent. *Florence*, 1747, *in-4. fig.*

1733 Diſſertation ſur les attributs de Vénus, par M. l'Abbé de La Chau. *Paris*, 1776, *in-4. fig. br.*

1734 Obſervations ſur la Statue de Marc-Aurele, par Etienne Falconet. *Amſt.* 1771, *in-12. br.*

1735 Traité des meſures itinéraires anciennes & mod., par M. d'Anville. *Paris, de l'Impr. Royale,* 1769, *in-8. mar. r.*

1736 Métrologie, ou Traité des Meſures, Poids & Monnoies des anciens Peuples & des modernes, par M. Paucton. *Paris,* 1780, *in-4. v. m. f. d.*

HISTOIRE LITTÉRAIRE.

HISTOIRE DES LETTRES ET DES LANGUES, DES SCIENCES ET DES ARTS, &c.

1737 Dictionnaire raiſonné de Diplomatique, par D. de Vaines. *Paris,* 1774, *2 vol. in-8. v. ſ. f. d.*

1738 Hiſtoire de l'origine & des premiers progrès de l'Imprimerie, par Proſper Marchand. *La Haye,* 1740, *in-4. v. éc.*

HISTOIRE DES ACADÉMIES ET SOCIÉTÉS DE GENS DE LETTRES.

1739 Regiæ Scientiarum Academiæ Hiſtoria, Autore J. B. Duhamel. *Pariſiis,* 1701, *in-4.*

1740 Hiſtoire & Mémoires de l'Académie Royale des Sciences depuis ſon établiſſement en 1666 juſqu'en 1771. *Paris, de l'Imprimerie Royale,* 1723 & ann. ſuiv., 89 *vol. in-4.*

1741 Machines & Inventions approuvées par l'Académie des Sciences, publiées par Gallon. *Paris,* 1735, *6 vol. in-4. fig.*

1742 Recueil des Pieces qui ont remporté le Prix de l'Académie Royale des Sciences. *Paris,* 1752, *8 vol. in-4. Le Tome VII manque.*

1743 Table des matieres contenues dans l'Hiſtoire & les Mémoires de l'Académie Royale des Sciences, par MM. Godin & Demours. *Paris,* 1734, *8 vol. in-4. Le Tome VII manque.*

1744 Mémoires de Mathématique & de Phyſique, préſentés à l'Académie Royale des Sciences. *Paris,* 1755, *6 vol. in-4. Le Tome V manque.*

1745 Elémens d'Aſtronomie, par M. Caſſini. *Paris, de l'Imprimerie Royale,* 1740, *2 vol. in-4.*

1746 Journal du Voyage fait par ordre du Roi à l'Equateur, avec la meſure des trois premiers degrés du Méridien, par

M. de La Condamine. *Paris , de l'Impr. Royale , 1751 ;*
2 vol. in-4.

1747 Voyage fait par ordre du Roi dans l'Amérique Septentrionale, par M. de Chabert. *Paris , de l'Impr. Royale ,*
1753 , in-4.

1748 Voyage fait par ordre du Roi en 1768 , pour éprouver
les Montres marines , par M. Caſſini. *Paris , 1770 , in-4.*
fig. v. m.

1749 Hiſtoire de l'Académie des Inſcriptions & Belles-Lettres, depuis ſon établiſſement juſqu'a préſent. *Paris , de*
l'Impr. Royale , 1736, 30 vol. in-4. v. m. f. d.

1750 Tranſactions Philoſophiques de la Société Royale de
Londres , trad. par M. Demours, années 1737 à 1744.
Paris , 1759 , 4 vol. in-4. mar. r.

BIBLIOGRAPHES GÉNÉRAUX.

1751 Bibliotheques françoiſes de Fr. Grudé, ſieur de La
Croix du Maine , & d'Antoine du Verdier de Vauprivas;
nouv. édit. revue, corrigée & augmentée par M. Rigoley
de Juvigny. *Paris , 1772, 6 vol. in-4.*

1752 Les mêmes Bibliotheques françoiſes de la Croix du
Maine & de du Verdier. *Ibid. 6 vol. in-4. v. f. f. d.*

1753 Querelles Littéraires , ou Mémoires pour ſervir à l'Hiſtoire des Révolutions de la République des Lettres , par
M. l'Abbé Iraïl. *Paris , 1761 , 4 vol. in-12. v. f.*

1754 Les trois Siecles de notre Littérature, ou Tableau de
l'Eſprit de nos Ecrivains, depuis François Premier juſqu'en
1772; par M. l'Abbé Sabattier. *Paris , 1772 , 4 vol. in-8.*
v. f.

1755 Voyage Littéraire de deux Religieux Bénédictins. *Paris,*
1717 , 2 vol. in-4.

1756 Dictionnaire portatif des Prédicateurs François. *Lyon ,*
1757 , in-8.

BIBLIOGRAPHES PÉRIODIQUES, ET JOURNAUX LITTÉRAIRES.

1757 Obſervations ſur la Littérature moderne, par M. l'Abbé
de la Porte. *Londres (Paris) , 1752 , 9 vol. in-12. v. éc.*

1758 Choix des anciens Mercures, avec un extrait du Mercure François. *Paris , 75 tom. rel. en 25 vol. in-12.*

Bibliographie, ou Description des Livres.

1759 Bibliographie inftructive, ou Traité de la connoiffance des Livres rares & finguliers, par Guill. Fr. Debure le jeune. *Paris*, 1763, 7 *vol. in-8.*

1760 Dictionnaire typographique, hiftorique & critique des Livres rares, finguliers, eftimés & recherchés, par J. B. L. Ofmont. *Paris*, 1768, 2 *vol. in 8.*

1761 Le même Dictionnaire, par Ofmont. *Ibid.* 2 *vol. in-8.* v. m. f. d.

1762 Biblioteca Italiana, ofia notizia de'libri rari nella Lingua Italiana di Nic. Fr. Haym. *In Venezia*, 1736, *in-4.*

VIES DES HOMMES ILLUSTRES.

VIES DES ILLUSTRES PERSONNAGES ANCIENS, GRECS ET ROMAINS.

1763 Les Vies des Hommes illuftres, Grecs & Romains, & Œuvres mêlées de Plutarque, tranflatées du grec par Jacq. Amyot; avec les Décades contenant les Vies des dix Empereurs, par Ant. Allegre, & les Tables. *Paris*, *Vafcofan*, 1567 —— 1574, 14 *tom. rel. en* 23 *vol. in-8.* *mar. r.*

1764 Les Vies des Hommes illuftres, Grecs & Romains, comparées l'une avec l'autre par Plutarque avec fes Œuvres mêlées, tranflatées en fr. par Jacq. Amyot. *Paris*, *Vafcofan*, 1575, 4 *vol. in-fol. v. m.*

1765 Les Vies des Hommes illuftres de Plutarque, trad. en franç. par Dacier, avec des remarques. *Paris*, 1734, 9 *vol. in-4. gr. pap. v. éc. f. d.*

1766 Cornelius Nepos de vita excellentium Imperatorum, ex recognitione Steph. And. Philippe. *Parifiis*, *Barbou*, 1754, *in-12. v. m. d. f. tr.*

1767 Les Vies des grands Capitaines, Grecs & Romains, de Cornelius Nepos, trad. par le Gras. *Paris*, 1729, *in-12.* v. m.

VIES ET ELOGES DES PERSONNAGES ILLUSTRES MODERNES.

1768 Hiftoire des plus illuftres Favoris, anc. & mod. *Leide*, *Elzevier*, 1659, *in-4. mar. r.*

1769 Galerie de Portraits, ou Portraits des Hommes illuftres modernes. *Paris*, 1768, *in-8*.

1770 Galerie de Portraits, ou Portraits des Hommes illuftres qui ont paru depuis les Romains, tirés des plus célebres Auteurs françois. *Paris*, 1769, *in-12*.

1771 Œuvres de P. de Bourdeille de Brantome. *La Haye*, 1740, 15 *vol. in-12. mar. v.*

1772 Les Hommes illuftres de France, avec leurs portraits, par Perrault. *Paris*, 1676, *in-fol.*

1773 Les mêmes Hommes illuftres qui ont paru en France, avec leurs portraits, par Perrault. *Ibid. in-fol.*

1774 Les Vies des Hommes illuftres de la France, par d'Auvigny, l'Abbé Pérau & M. Turpin. *Paris*, 1739 & fuiv.* 23 *vol in-12. v. m.*

1775 Galerie Françoife, ou Portraits des Hommes & des Femmes célebres qui ont paru en France, gravés par les meilleurs Artiftes, avec un abrégé de leur vie, par une fociété de gens de lettres. *Paris*, 1771, *6 parties in-fol. br.*

1776 Vie de Boffuet, par M. de Burigny. *Paris*, 1761, *in-12. v. éc.*

VIES ET ELOGES DES HOMMES ILLUSTRES DANS LES SCIENCES ET DANS LES ARTS.

1777 Vite de' più eccellenti Pittori, Scultori e Architetti, fcritte da Giorgio Vafari. *In Roma*, 1759, *3 vol. in-4. fig. v. éc.*

1778 L'Abecedario Pittorico, del P. Pellegrino, Ant. Orlandi. *In Napoli*, 1733, *in-4*.

1779 Entretiens fur les Vies & fur les Ouvrages des plus excellens Peintres & Architectes, anc. & mod. par Felibien. *Paris*, 1696, *3 vol. in-4*.

1780 Abrége de la Vie des plus fameux Peintres, avec leurs portraits gravés en taille-douce, par M. Dezallier d'Argenville. *Paris*, 1745, *3 vol. in-4. v. éc. f. d.*

1781 Vies des premiers Peintres du Roi, par Lepicié. *Paris*, 1752, *2 vol. in-8. v. f.*

1782 Les mêmes Vies des premiers Peintres du Roi, par Lepicié. *Ibid. 2 tom. en un vol. in-8. mar. r.*

1783 La Vie des Peintres Flamands, Allemands & Hollandois, avec des portraits gravés en taille-douce, par J. B. Defcamps. *Paris*, 1753, *2 vol. in-8. v. m. r. d.*

EXTRAITS

EXTRAITS ET DICTIONNAIRES
HISTORIQUES.

1784 Valere Maxime, ou les Actions & les Paroles remarquables des Anciens, trad. avec des remarques. *Paris*, 1713. *2 vol. in-12. v. m.*

1785 Les Caprices héroïques du Loredano. *Paris*, 1644, *in-8. v. m. f. d.*

1786 Théatre du Monde, où par des exemples tirés des Auteurs anc. & mod. les vertus & les vices font mis en oppofition, par M. Richer. *Paris*, 1775, *2 vol. in-8. fig. v. éc.*

1787 Dictionnaire Hiftorique de Moreri, avec les deux fupplémens de M. l'Abbé Goujet. *Paris*, 1732, 10 *vol. in-fol. v. éc.*

1788 Le même Dictionnaire Hiftorique de L. Moreri, édition corrigée & augmentée par M. Drouet. *Paris*, 1759, 10 *vol. in-fol. v. éc.*

1789 Dictionnaire Hiftorique & Critique, par P. Bayle. *Rotterdam*, 1720, *4 vol. in-fol. gr. pap. mar. r.*

1790 Le même Dictionnaire de Bayle. *Amft.* 1740, 4 *vol. in-fol. v. m. f. d.*

1791 Remarques critiques fur le Dictionnaire de Bayle. *Dijon*, 1752, *in-fol.*

1792 Examen du Pyrrhonifme, par de Croufaz. *La Haye*, 1733, *in-fol.*

1793 Dictionnaire hiftorique de Profper Marchand. *La Haye*, 1758, *2 tom. en un vol. in-fol. d. f. tr.*

1794 Dictionnaire hiftorique, portatif; par l'Abbé Ladvocat. *Paris*, 1760, 2 *vol. in-8.*

1795 Dictionnaire hiftorique, portatif; ou Hiftoire abrégée de tous les hommes qui fe font fait un nom par des talens, des vertus, des forfaits, des erreurs, &c. *Amft.* 1769, 4 *vol. in-8. v. éc.*

1796 Nouveau Dictionnaire hiftorique, par une Société de Gens de Lettres. *Paris*, 1772, 6 *vol. in-8.*

1797 Dictionnaire pour l'intelligence des Auteurs claffiques,

HISTOIRE.

Grecs & Latins, tant sacrés que profanes ; par M. Sabba-
thier. *Paris*, 1766 & *suiv.* 26 *vol. in-8. fig.*

F I N.

Lu & approuvé, ce 27 Mars 1782. FOURNIER, Adjoint.

À PARIS. De l'Imprimerie de PRAULT,
Imp. du Roi, quai des Augustins. 1782.